Für registrierte Leser halten wir zusätzliche Informationsangebote bereit.

Buchregistrierung

Registrierungscode

Jetzt registrieren

Bitte geben Sie Ihren Code auf der Verlagswebsite ein.

Ihr persönlicher Registrierungscode 03GP39410382

Leseproben · Artikel · Angebote · Newsletter · BuchScanner · Foren · Glossar

PILLSPLITTER
YOYOADOIT
EXTREM COUCHING
NUTCRACKER

Christian Wenz
Tobias Hauser

Web Services mit PHP

Galileo Computing

Liebe Leserin, lieber Leser,

Das Thema »Web Services« wurde bereits in zahlreichen Artikeln verhandelt. Über die Zukunft dieser Technologie wurde lang und breit diskutiert, sie wurde in den Himmel gehoben und zugleich als Zukunftsmusik abgetan.

Wir meinen, dass es Zeit ist für die Praxis! Mit diesem Buch aus unserer kleinen Web Services-Reihe möchten wir Sie in die Lage versetzen, eigene Web Services zu entwickeln und ihre Vorteile zu nutzen. Große Firmen haben es vor Ihnen getan. Amazon, Ebay, Google ... sie alle setzen bereits erfolgreich auf Web Services.

Ich freue mich, dass Sie mit diesem Buch einsteigen. Praxiswissen braucht nicht immer 1000 Seiten. Hier erfahren Sie Grundlegendes zur Technologie »Web Services« in kompakter Form. PHP-Wissen setzen wir voraus. Beachten Sie auch die weiteren Einzelbände der Reihe. Ein aktueller Katalog ist zu finden unter www.galileocomputing.de.

Doch kein noch so gutes IT-Buch ist ohne Fehler. Daher sind wir auf Ihre Rückmeldung angewiesen. Wir freuen uns, wenn Sie uns Lob und Kritik direkt mitteilen.

Und nun viel Freude beim Lesen!

Judith Stevens-Lemoine
Lektorat Galileo Computing

judith.stevens@galileo-press.de
www.galileocomputing.de

Galileo Press • Gartenstraße 24 • 53229 Bonn

Auf einen Blick

Bibliografische Information Der Deutschen Bibliothek
Die Deutsche Bibliothek verzeichnet diese Publikation in der Deutschen Nationalbibliografie; detaillierte bibliografische Daten sind im Internet über http://dnb.ddb.de abrufbar.

ISBN 3-89842-394-8

1. Auflage 2004

Der Name Galileo Press geht auf den italienischen Mathematiker und Philosophen Galileo Galilei (1564–1642) zurück. Er gilt als Gründungsfigur der neuzeitlichen Wissenschaft und wurde berühmt als Verfechter des modernen, heliozentrischen Weltbilds. Legendär ist sein Ausspruch **Eppur se muove** (Und sie bewegt sich doch). Das Emblem von Galileo Press ist der Jupiter, umkreist von den vier Galileischen Monden. Galilei entdeckte die nach ihm benannten Monde 1610.

Lektorat Judith Stevens-Lemoine
Korrektorat Friederike Daenecke, Zülpich
Einbandgestaltung Barbara Thoben, Köln
Titelfoto getty images
Herstellung Iris Warkus
Satz SatzPro, Krefeld
Druck und Bindung Koninklijke Wöhrmann B.V., Zutphen, Niederlande

Galileo Computing

Inhalt

Vorwort

Besser werden die Menschen durch Beispiele belehrt. Diese haben vor allem den Vorzug, dass sie den Beweis liefern, dass das, was sie uns vorschreiben, auch ausgeführt werden kann.
– Plinius d. J. Panegyricus

Technische Faszination, das war unser erster Gedanke bei der Begegnung mit Web Services: Maschine-zu-Maschine-Kommunikation mit einheitlichen Standards – alles auf XML basierend. Klingt für Sie nicht so faszinierend, gab es schon, Anwendungen können über CORBA, Remoting oder ähnliches kommunizieren? Sicherlich, aber das Grenzüberschreitende – PHP mit .NET, Java mit PHP, sogar .NET und Java – macht die Faszination aus.

Die Reihe

Technische Faszination alleine reicht aber nicht aus. Der Weg in die Praxis entscheidet, ob sich eine Technologie durchsetzt. Web Services stellen dabei an Entscheider, Entwickler und Content-Verwalter neue Anforderungen. Damit Sie dafür gewappnet sind, haben wir die Web Services-Buchreihe bei Galileo konzipiert. Wir beherzigen dabei die Weisheit von Plinius und zeigen Ihnen anhand von Beispielen und ausführlichen Erklärungen, wie Sie Web Services nutzen können.

Die Einzelwerke der Reihe informieren in kompakter Form über jeweils einen Aspekt aus dem Web Services-Universum. Sie finden unter **http://www.web-services.cc/** die aktuell verfügbaren Titel und viele nützliche Zusatzinformationen. Unter anderem können Sie dort alle Beispielslistings dieses Buchs herunter laden und auch eine Reihe von Beispielen ausprobieren. Zudem informieren wir Sie dort über Neuerungen des Themas sowie über etwaige Errata für das Buch. Sobald neue Reihentitel verfügbar sind, erfahren Sie es dort als erstes.

Zusätzlich betreibt der Galileo-Verlag unter **http://www.galileo-press.de/** eine umfangreiche Website. Der Clou: Im Bereich **MyGalileo** können Sie dieses Buch registrieren, die entsprechende Nummer befindet sich vorne im Buch. Damit haben Sie Zugriff auf spezielle Angebote des Verlags sowie weitere buchspezifische Informationen.

Das Buch

Bei Web Services handelt es sich nicht um eine Technik, sondern um ein Bündel von Technologien. Dieses Buch bietet den Einstieg in die Web Services-Programmierung mit PHP. Obwohl PHP mittlerweile die beliebteste Webskriptsprache ist, gibt es in Hinblick auf Web Services noch eine Menge Defizite. Es gibt teilweise mehrere Implementierungen für die diversen Aspekte von Web Services, jede mit ihren eigenen Stärken und Schwächen. Teilweise gibt es jedoch auch kaum Implementierungen oder nur sehr unvollständige. Was fast immer recht unvollständig ist, ist die Dokumentation. In diese Bresche schlägt auch das Buch: Es soll zeigen, wie die wesentlichen Aufgaben beim Arbeiten mit Web Services mit den entsprechenden PHP-Modulen durchgeführt werden können.

Beim intensiven Programmieren mit den verschiedenen PHP-Erweiterungen für Web Services finden sich leider immer wieder mal kleinere Fehler. Immerhin: Während den Arbeiten an diesem Buch konnten diverse Bugbeschreibungen (und Code, um sie zu beheben) an die Maintainer der entsprechenden Projekte geschickt werden – so soll Open Source ja auch sein. Es besteht also die berechtigte Hoffnung, dass zumindest einige der Fehler, die in diesem Buch beschrieben wurden, mittlerweile Geschichte sind.

Die praktische Implementierung ist nicht alles, Sie sollten auch wissen, was hinter den einzelnen Web Services-Spezifikationen und Standards steckt. Diese Thematik wird in diesem Werk zwar in ausreichendem Umfang angerissen; ausführliche(re) Details dazu erfahren Sie in dem Werk »Web Services – Die Standards« aus dieser Reihe.

Unterstützung

Obwohl dieses Buch mehrere Stufen der Qualitätssicherung durchlaufen hat, kann leider nicht ausgeschlossen werden, dass sich dennoch Fehler finden lassen oder dass es bei Veröffentlichung neue Entwicklungen im Bereich Web Services und/oder PHP gibt. Wie bereits zuvor erwähnt, halten wir Sie unter **http://www.web-services.cc/** auf dem Laufenden. Sollte Ihnen selbst etwas auffallen, beispielsweise ein Fehler im Buch, freuen wir uns über Ihre Mitteilung. Sie erreichen uns ebenfalls über **http://www.web-services.cc/** oder über die Website der Herausgeber, **http://www.hauser-wenz.de/**. Auch für konstruktive kritische Anregungen sind wir sehr dankbar. Sie geben uns damit die Möglichkeit, Ihre Ideen beim Arbeiten an der nächsten Auflage zu berücksichtigen.

Danke

Das Bild eines Autors als Eremit in einer Höhle ist dankenswerterweise schon lange überholt. Schreiben ist auch Teamarbeit geworden. Dementsprechend danken wir unserer Mannschaft. Besonders hervorzuheben ist Judith Stevens-Lemoine, die Buch und Reihe als Lektorin begleitet und koordiniert hat. Sie hatte mit und ohne Telefon immer ein offenes Ohr für unsere Nöte und Sorgen. Die Dudenkorrekturen wurden in bekannt guter Qualität von Friederike Daenecke durchgeführt.

Familien und Freunden muss nicht mehr einzeln gedankt werden, denn sie sind es schon gewohnt, dass wir in der Höhle verschwinden.

Viel Spaß und Erfolg bei der Lektüre!

Christian Wenz und Tobias Hauser, im Oktober 2003

Christian Wenz (links) und Tobias Hauser (rechts)

1 Einführung und Architektur

1 Einführung und Architektur

2 XML-RPC

3 SOAP

4 WSDL

5 Verzeichnisdienste

6 Sicherheit

7 Praxisprojekt

1 Einführung und Architektur

Web Services: »At its core is the assumption that companies will in the future buy their information technologies as services provided over the Internet rather than owning and maintaining all their own hardware and software.«
– John Hagel III, John S. Brown;
Harvard Business Review (10/2001).

Diese Aussage zweier Web Services-Vorreiter symbolisiert zwei Seiten derselben Medaille: Web Services bieten viele Chancen, es werden aber auch sehr hohe Erwartungen an sie gestellt.

1.1 Web Services – die Idee

Die Idee hinter Web Services ist nicht neu: Übertragungsstandards sollen dafür sorgen, dass Daten und Funktionalität zwischen Kommunikationspartnern ausgetauscht werden können. Keiner der Kommunikationspartner ist dabei ein Mensch, sondern alle sind Maschinen. Daraus leitet sich der Name Maschine-zu-Maschine-Kommunikation ab. Eine Maschine bezeichnet in diesem Fall eine Anwendung, die beispielsweise auf einem Weserver liegt.

Durch die Maschine-zu-Maschine-Kommunikation unterscheiden sich die Web Services vom bisherigen Web-Ansatz, bei dem der Nutzer Daten und Funktionalität vom Webserver aufruft. Für Web Services ist kein Nutzer erforderlich. Vielmehr muss der Web Service einmal in ein Programm eingebunden werden und läuft dann – in der Theorie – automatisch.

Da verschiedene Maschinen und Anwendungen unterschiedlichste Sprachen sprechen, muss der Daten- und Funktionalitätsaustausch auf einheitlichen Standards basieren, die alle Beteiligten verstehen können. Wenn man von Web Services spricht, meint man also auch eine Menge an Spezifikationen und Standards. Sie sind Thema dieses Buches. Einen ersten Überblick liefert Abschnitt 1.4, »Spezifikationen und Standards«. Zuvor folgt aber ein Blick auf Anwendungsszenarien und die hinter Web Services steckende Architektur.

1.2 Web Services – wofür?

Anwendungsszenarien für Web Services gibt es unzählige. Aber welche davon sind konkret und nutzbar? Die Paradebeispiele für Web Services kommen von Google und Amazon. Google erlaubt privaten Webseiten, die Google-Suche per Web Service auf der eigenen Seite zu nutzen, Amazon bietet die Shop-Suche und das deutsche Partnerprogramm als Web Service an.

Beiden Paradebeispielen ist eines gemeinsam: Sie funktionieren einseitig. Das heißt, eine beliebige Website ruft den Web Service auf und holt sich dann von Google oder Amazon Daten. Web Services erlauben allerdings auch eine automatisierte Kommunikation in beide Richtungen. Dadurch ist es vorstellbar, komplette Anwendungen wie Warenwirtschaftssysteme miteinander zu verbinden. In der Praxis verwendet beispielsweise Dell bereits solche Lösungen, um kleinere Zulieferer an die eigenen Systeme anzubinden.

Die beschriebenen Szenarien stammen doch aus dem normalen »verteilten Computing« (distributed computing)? Diese Frage berührt ein Kernargument, das von ideologisch gestimmten Mitmenschen gern gegen Web Services verwendet wird: Web Services sind als Lösung nicht vollständig neu; das Rad wird nicht neu erfunden. Wir geben zu, dieses Argument stimmt. Für die Kommunikation zwischen Anwendungen wurde bisher Middleware wie CORBA oder DCOM eingesetzt. DCOM wurde allerdings von Microsoft zu Gunsten von .NET Remoting (beschränkt auf .NET-Anwendungen) und Web Services aufgegeben. CORBA gibt es weiterhin; Web Services ergänzen CORBA sogar und schaffen eine Schnittstelle zum Web.

Mehr zu den hier genannten Technologien finden Sie in Abschnitt 1.6, »Alternativen zu Web Services«.

Web Services sind also nicht völlig neu, dennoch haben sie einige Vorteile; hier die wichtigsten:

- Web Services sind – vor allem im Gegensatz zu CORBA und DCOM – sehr einfach zu handhaben.
- Die Kommunikation mit Web Services läuft über das Internet, genauer über HTTP (HyperText Transfer Protocol). Dadurch lassen sich Web Services in Intranet- und Extranet-Umgebungen sowie im Internet einsetzen. Andere Transportprotokolle sind allerdings auch möglich, z.B. das web-basierte Mailformat SMTP (Simple Mail Transfer Protocol). Als potenzielle Alternativen zu HTTP gelten BEEP (Blocks Extensible Exchange Protocol)[1], ein von der IETF (Internet

1 Siehe hierzu **http://www.ietf.org/rfc/rfc3080.txt**

Engineering Task Force) entwickeltes Format, das schlanker als HTTP sein soll, und HTTP-R (reliable HTTP)[2], ein potenzieller Nachfolger von HTTP, den IBM entwickelt. Aktuell ist HTTP allerdings für die meisten Web Services die oftmals einzig richtige Wahl.

- Web Services basieren, zumindest bei der Grundfunktionalität (Nachrichtenübermittlung, Beschreibung und Verzeichnisdienste) auf anerkannten Standards.
- Web Services werden in der Software-Industrie großflächig anerkannt. Konkurrenten wie Microsoft, Sun und IBM setzen alle auf Web Services, wenn auch manchmal in unterschiedlichen Ausprägungen.
- Für fast alle Programmiersprachen/-syteme stehen erste Implementationen für die Web Services-Protokolle und -Standards zur Verfügung.
- Die wichtigsten Web Services-Protokolle und Standards basieren auf XML, haben also auch die Vorteile von XML:
    - Die Nachrichten können von Menschen gelesen werden.
    - Offene und vielfältige Standards stehen zur Verfügung.

Viel Licht also bei einer neuen Technologie – wie sieht es aber mit den Schattenseiten aus? Die sollen hier nicht verschwiegen werden:

- Für einige Bereiche wie Sicherheit, Prozesse und Transaktionen gibt es zwar viele Spezifikationen, ein sich durchsetzender Standard und die entsprechenden Implementationen in Systeme wie J2EE oder .NET lassen allerdings noch auf sich warten.[3]
- Web Services erfordern in manchen Bereichen ein Umdenken oder neue Lösungen. Ein Beispiel: Da Web Services über HTTP laufen, passieren sie bestehende Firewalls problemlos. Dies ließe sich als Angriffspunkt nutzen. Software-Firewalls müssen also »lernen«, Web Services-Aufrufe zu untersuchen und gegebenenfalls zu sperren.
- Web Services sind oftmals nicht die leistungsfähigste Lösung. Remoting, das heißt die direkte Verbindung beispielsweise von Java zu Java (JRMI) oder .NET zu .NET (.NET Remoting) ist schneller, zumin-

---

2 HTTP-R enthält gegenüber der herkömmlichen HTTP-Spezifikation einen Teil, um die Zuverlässigkeit von Nachrichten zu gewährleisten (siehe hierzu **http://www-106.ibm.com/developerworks/webservices/library/ws-httpspec/**).

3 Hierzu lesen Sie Details in den entsprechenden Kapiteln. Dort werden die verfügbaren Spezifikationen beschrieben.

dest wenn die Daten in binärer Form verschickt werden. Allerdings ist dieser Geschwindigkeitsvorsprung nicht so groß, wie oft gedacht wird.[4]

Die hier genannten Nachteile machen Web Services nicht direkt zu einer schlechten Technologie, zeigen allerdings, dass Sie genau über den Einsatz von Web Services nachdenken müssen.

1.3 Service-orientierte Architektur

Um die Funktionsweise von Web Services zu verstehen, sollte man die dahinter stehende Architektur begriffen haben. Wie schon erwähnt, handelt es sich bei Web Services um die Kommunikation zwischen Maschinen. Dies unterscheidet die Web Services-Architektur vom Client/Server-Ansatz des Webs. Dort greift der Client auf die Daten und Funktionalität des Servers zu und stellt die Inhalte, die er vom Server geliefert bekommt, im Browser dar. Der Web Services-Ansatz dagegen beinhaltet den Austausch von Daten und Funktionalität zwischen Anwendungen.

Um diese besondere Web Services-Architektur darzustellen, hat sich mittlerweile die service-orientierte Architektur (Service-oriented Architecture; kurz SOA) durchgesetzt. Die SOA geht auf HP (Hewlett-Packard) zurück. HP wollte 1999 mit e-Speak eine Plattform für das Web schaffen, auf der Daten und Funktionalität als Services zur Verfügung standen – dies entspricht eigentlich dem Web Services-Ansatz, nur unter anderem Namen. Leider versagte das Marketing, und ein Jahr nach seinem Erscheinen war e-Speak schon als Totgeburt abgestempelt. Einzig der Gedanke einer service-orientierten Architektur überlebte.

Ein genauer Blick auf Abbildung 1.1 zeigt, dass die service-orientierte Architektur im Prinzip ganz simpel ist. Ein Service-Anbieter stellt einen Service zur Verfügung. Um den Service bekannt zu machen, publiziert er ihn in einem Service-Verzeichnis. Der Service-Konsument sucht und findet den Service im Verzeichnis. Mit der Adresse (URL = Uniform Resource Locator) kann der Konsument den Service anfragen und erhält eine Antwort. Die weitere Kommunikation erfolgt ebenfalls auf Basis von Anfrage und Antwort.

4 Dies illustriert ein Performance-Vergleich zwischen .NET Remoting und Web Services (**http://msdn.microsoft.com/vcsharp/using/building/webservices/default.aspx?pull=/library/en-us/dnbda/html/bdadotnetarch14.asp**).

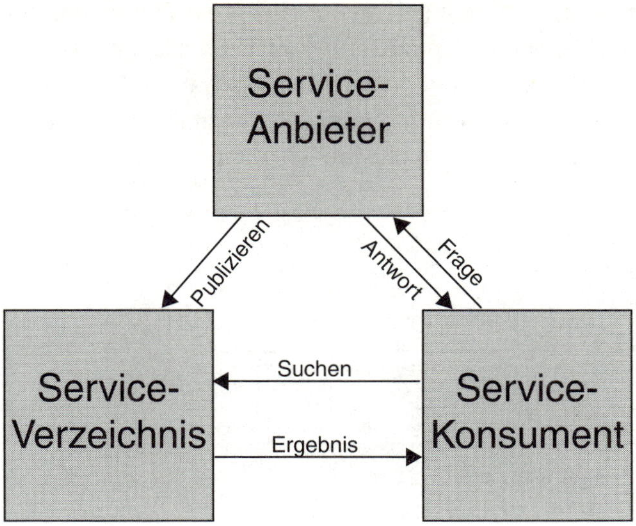

Abbildung 1.1 Die service-orientierte Architektur

Wir verwenden den Begriff URL synonym mit URI (Uniform Resource Identifier). Zwar gilt die URI als Oberbegriff über URL und URN (Uniform Resource Name), diese vom W3C getroffene Unterscheidung (**http://www.w3.org/Addressing/**) ist für dieses Buch allerdings nicht von Belang.

1.4 Spezifikationen und Standards

Web Services sind nicht eine Technologie, die einheitlich in einem Dokument geregelt ist. Vielmehr basieren Web Services auf verschiedenen Standards und Spezifikationen, die im Zusammenspiel die Technologie bilden.

Drei Elemente bilden die Grundlage von Web Services:

- **Die Übermittlung:** Die Kommunikation zwischen Service-Anbieter, Service-Konsument und Service-Verzeichnis erfordert die Übermittlung von Nachrichten.
- **Die Beschreibung:** Der Service und die von ihm zur Verfügung gestellten Methoden müssen beschrieben werden, damit der Service-Komsument weiß, was der Service ihm bietet.
- **Der Verzeichnisdienst:** Services sollten in ein Service-Verzeichnis aufgenommen und dort gefunden werden können.

Die Standards für diese drei Grundelemente bilden das Fundament für Web Services. Zusätzlich sind Standards für verschiedenste Bedürfnisse wie Sicherheit, Management sowie Prozesse und Transaktionen notwendig; dies illustriert der Web Services-Stapel aus Abbildung 1.2. Dort fehlt der Verzeichnisdienst, da er nicht Teil der Kommunikation ist.

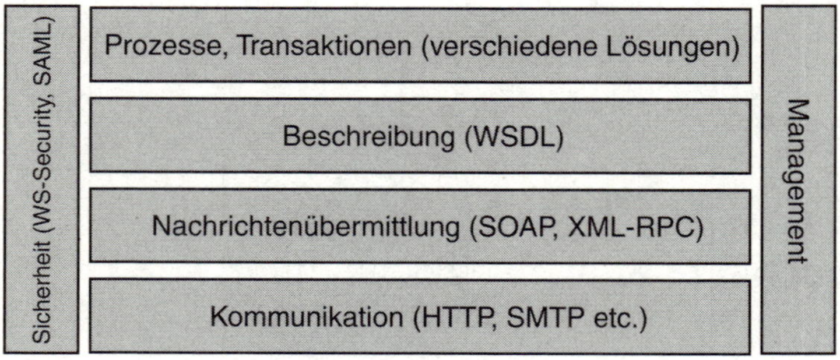

Abbildung 1.2 Der Web Services-Stapel (in Anlehnung an die Darstellung des W3C)

> Noch eine Namenskonvention: Eine **Spezifikation** bezeichnet eine veröffentlichte Technologiebeschreibung. Eine Spezifikation ist nur dann ein **Standard**, wenn sie sich in ihrem Technologiebereich gegenüber anderen Spezifikationen durchgesetzt hat und von einem unabhängigen Standardisierungsgremium verwaltet wird. Diese Bedingungen erfüllen im Bereich von Web Services bisher SOAP, WSDL und UDDI (siehe nächster Abschnitt 1.4.1, »Die wichtigsten Technologiebereiche«).

1.4.1 Die wichtigsten Technologiebereiche

Dieser Abschnitt ist ein kurzer Abriss der wichtigsten Technologiebereiche von Web Services. Dieses Buch ist im Folgenden nach Technologien und Technologiebereichen gegliedert und zeigt, welche Lösungen PHP in diesen Bereichen für Web Services bereithält.

Übermittlung

Bei der Nachrichten-Übermittlung hat sich mittlerweile SOAP durchgesetzt. Dieser vom W3C (World Wide Web Consortium) verwaltete Standard basiert auf XML und liegt in Version 1.2 vor.

Beschreibung

WSDL (Web Services Description Language) ist der Standard, der sich aktuell für die Beschreibung von Web Services durchgesetzt hat. WSDL wird wie SOAP vom W3C verwaltet. Version 1.2 hat aktuell den Status eines **Working Draft**, also einer Version, an der gearbeitet wird.

> Die Beschreibung des Web Service ist bei den meisten Web Services-Implementationen nicht unbedingt erforderlich. Allerdings erleichert sie die Integration deutlich und dient dazu, das Potenzial von Web Services vollständig zu nutzen.

Verzeichnisdienst

Für den Verzeichnisdienst gibt es einige proprietäre Ansätze wie beispielsweise DISCO von Microsoft. Den Weg zum Standard hat allerdings UDDI (Universal Description, Discovery and Integration) geschafft. UDDI wird von OASIS (Organization for the Advancement of Structured Information Standards) in der Version 3 gepflegt.

Sicherheit

Web Services sind noch kein Fort Knox. Im Bereich der Standardisierung für Sicherheitslösungen fehlt es noch an Konsens und an praktischen Implementierungen. Allerdings gibt es bereits einige viel versprechende Ansätze.

> Web Services einfach als zu unsicher abzutun, ist sicherlich der falsche Weg. Kapitel 5 zeigt einige Standards und Lösungen, die auch heute schon in Web Services-Implementierungen vorhanden sind. Aktuell sollten Sie bei jedem Web Services-Projekt genau abwägen, welche Sicherheitsmechanismen Sie haben und ob diese für Ihre Sicherheitsanforderungen ausreichen.

Prozesse, Transaktionen und Management

Jenseits der reinen Nachrichtenübermittlung sollen Web Services in Zukunft auch komplexe Prozesse abbilden können. Die Kommunikation im Unternehmen und zwischen Unternehmen lässt sich dann anwendungsübergreifend durchführen. In diesem spannenden Feld scheint zurzeit jeden Tag eine neue Spezifikation zu entstehen; ein genauerer Blick in Kapitel 6 verrät allerdings, welche Spezifikation den Weg zum Standard schaffen kann.

Sollen Web Services mit Prozessen umgehen können, gibt es noch weitere Anforderungen: Der Einsatz von nur einem Web Service reicht in vielen Fällen nicht aus. Bei einer Warenbestellung soll beispielsweise ein Web Service die Warenkorbfunktionalität zur Verfügung stellen, der andere ist für die Kreditkartenabrechnung zuständig. Diese Web Services müssen organisiert werden, damit der eine Web Service rechtzeitig beginnt, wenn der andere endet, und damit der Datenaustausch klappt. Für diesen Technologiebereich, der auch oft **Choreographie** bzw. **Orchestrierung von Web Services** heißt, bieten die meisten Prozessstandards adäquate Lösungen.

Als Management-Lösungen werden im Allgemeinen die Umsetzungen von Web Services-Standards in eine Middleware oder ein Programmiersystem genannt. Zusätzliche Management-Funktionalität wie Debugging und ähnliches ist jeweils vom System abhängig und deswegen kein Standard.

1.4.2 Standardisierung

Web Services können als proprietäre Lösung nicht bestehen. Dies zeigt der Misserfolg proprietärer Ansätze wie e-Speak oder auch von Microsofts DCOM für verteiltes Computing auf Windows-Basis. Deswegen drängen die großen IT-Unternehmen IBM, Microsoft, Sun und viele andere darauf, grundlegende Standards zu definieren. Das ist natürlich nicht so einfach, schließlich sind alle Beteiligten eigentlich Konkurrenten und gehen mit unterschiedlichen Zielen und Ansichten an die Sache heran.

An diesem Punkt springen die Standardisierungsgremien in die Bresche. Sie versuchen, möglichst viele Mitstreiter aus der Industrie zu gewinnen und für einen Technologiebereich den vorherrschenden Standard zu schaffen. Meist gehen die Standards selbst auf Unternehmen aus der IT-Industrie zurück, die – oft in einem Konsortium aus mehreren Firmen – den Standard bei einem Standardisierungsgremium einreichen.

Da die meisten Mitwirkenden bei einem Standardisierungsgremium auf der Gehaltsliste eines großen Unternehmens stehen, treffen auch hier konkurrierende Ziele aufeinander. Allerdings sorgen festgelegte Regeln und eine Diskussion mit allen aktiven Mitgliedern (meist) für einen Konsens.

W3C

Das W3C (World Wide Web Consortium) ist das vielleicht bekannteste Standardisierungsgremium im Web (**http://www.w3.org/**). Geleitet vom Erfinder des Webs und Internet-Vordenker Tim Berners-Lee, verwaltet es unter anderem HTML (HyperText Markup Language) und XML (eXtensible Markup Language). Als Schirmherr von XML lag es natürlich nahe, dass sich das W3C auch um Standards für die Übermittlung von XML-Nachrichten kümmert. Deswegen ist das W3C für zwei der wichtigsten Web Services-Standards, nämlich SOAP und WSDL, verantwortlich.

Ein Standard kann beim W3C eingereicht werden, oder er wird in einer Arbeitsgruppe (Working Group) des W3C ersonnen. In beiden Fällen durchläuft er mehrere Stufen, die die folgende Tabelle darstellt.

Stufe	Beschreibung
Note	Mitteilung einer Arbeitsgruppe des W3C. Auch eingereichte Vorschläge erhalten zuerst diesen Status, der abseits der vier Stufen zur Standardisierung liegt.
Working Draft	Die Spezifikation ist aktuell in Arbeit. Bei einem Working Draft handelt es sich um einen Arbeitsentwurf, der zur Diskussion freigegeben ist.
Candidate Recommendation (CR)	Nach mehreren Working Drafts kommt eine Spezifikation auf diese Stufe. Erste Implementationen sollen zeigen, ob die Spezifikation praxistauglich ist.
Proposed Recommendation (PR)	Die dritte Stufe im Lebenszyklus einer Spezifikation. Sie wird noch einmal von allen Mitgliedern und der Direktion des W3C geprüft und dann abschließend beurteilt.
Recommendation (REC)	Die höchste Stufe. Eine Spezifikation ist damit als Standard des W3C verabschiedet und wird nicht weiter geändert. Änderungen können erst in neue Versionen einfließen.

Tabelle 1.1 Die Standardisierungsstufen des W3C

IETF

Die IETF (Internet Engineering Task Force; **http://www.ietf.org/**) ist zwar etwas weniger bekannt als das W3C, verwaltet aber einige der wichtigsten Internet-Standards, unter anderem HTTP. Die Standards des IETF werden als so genannte RFCs (Request for Comment) abgelegt, die eine fortlaufende vierstellige Nummer erhalten. Ein Vorschlag oder ein älterer Standard ist vom aktuellen Standard also durch seine niedrigere Nummer zu unterscheiden. HTTP 1.1 hat beispielsweise die Nummer 2616, und HTTP 1.0 hat die Nummer 1945. Beide Dokumente unterscheiden sich allerdings nicht nur durch ihre Nummer, sondern auch durch den jeweiligen Status. HTTP 1.1 hat den Status eines Draft Standards, HTTP 1.0 ist dagegen nur ein Memo.

Tabelle 1.2gibt einen Überblick über die möglichen Status und die Stufen, die ein Standard bei der IETF durchlaufen muss:

Stufe	Beschreibung
Internet-Draft	Ein reines Arbeitsdokument, das gelöscht oder überschrieben werden kann. Ein Internet-Draft ist kein RFC und wird nicht archiviert.
Memo (Informational purpose)	Ein Memo zu Informationszwecken. Ein Memo hält oftmals den aktuellen Stand einer Technologie fest.
Proposed Standard	Ein vorgeschlagener Standard.
Draft Standard	Ein Standard, an dem noch gearbeitet wird. Für diese Stufe müssen mindestens zwei voneinander unabhängige Implementierungen vorliegen.
Full Standard	Ein vollständiger Standard, der nicht mehr weiterentwickelt wird.

Tabelle 1.2 Die Standardisierungsstufen des IETF

Im Web finden Sie alle RFCs mit der jeweiligen Nummer. Die URL folgt dem Muster: **http://www.ietf.org/rfc/rfcXXXX.txt**, wobei **XXXX** für die jeweilige RFC-Nummer steht. Der Standardisierungsprozess selbst ist ebenfalls in einem RFC mit der Nummer 2026 beschrieben.

OASIS

OASIS (Organization for the Advancement of Structured Information Standards; **http://www.oasis-open.org/**) wurde 1993 unter dem Namen SGML Open gegründet. Die Standardisierung des SGML-Nachfolgers XML wurde allerdings vom W3C vorgenommen. OASIS änderte 1998 seinen Namen und unterstützte seit Herbst 1999 als wichtigstes Projekt ebXML, ein auf XML basierendes System aus Technologien für den Austausch von XML-Nachrichten.

OASIS kam über ebXML erstmals mit Web Services in Berührung, da die Spezifikation an Web Services angepasst werden musste. Mittlerweile betreut OASIS weitere Spezifikationen aus verschiedenen Technologiebereichen rund um die Web Services: Dazu zählen vor allem UDDI für Verzeichnisdienste und WS-Security als Sicherheitslösung.

Ein Standard entsteht bei OASIS innerhalb eines Technical Committee (TC) und durchläuft mehrere Phasen, die Tabelle 1.3 im Überblick zeigt.

Status	Beschreibung
OASIS Commitee Draft	Arbeitsversion der Spezifikation. Änderungen können vorgeschlagen werden. Um die nächste Stufe zu erreichen, müssen 2/3 der OASIS-Mitglieder zustimmen.
OASIS Committee Specification	Die Arbeit an der Spezifikation ist abgeschlossen. Sie wird allen OASIS-Mitgliedern zur Überprüfung vor der finalen Verabschiedung zugeschickt.
OASIS Standard	Die höchste Stufe. Eine fertige Spezifikation.

Tabelle 1.3 Standardisierungsstufen bei OASIS

UN/CEFACT

UN/CEFACT (United Nations Centre for Trade Facilitation and Electronic Business; **http://www.unece.org/cefact/**) ist neben OASIS die zweite Kraft hinter ebXML. Sie ist eine Organisation der UN (Vereinte Nationen), die sich unter anderem um das E-Business kümmert.

> Bei der Standardisierung von ebXML arbeitet die UN/CEFACT mit OASIS zusammen. Allerdings herrscht auch hier nicht immer Einigkeit über die Ziele und Ausrichtungen. Bedenkenswert sind vor allem die unterschiedlichen Interessen einer öffentlichen, politischen Organisation wie der UN/CEFACT und der OASIS, deren Mitglieder große Industrie- und Wirtschaftsunternehmen sind.

WS-I

Die WS-I (Web Services Interoperability Organization; **http://www.ws-i.org/**) ist das jüngste der hier vorgestellten Standardisierungsgremien. Gegründet wurde die WS-I mit dem Ziel, Interoperabilität zwischen verschiedenen Web Services-Implementationen sicherzustellen. Der Hintergrund war allerdings ein politischer: IBM und Microsoft haben die Gründung der WS-I vorangetrieben, um vor allem dem W3C etwas Einfluss zu nehmen und den Konkurrenten Sun in die Ecke zu drängen. Mittlerweile ist Sun ebenfalls der WS-I beigetreten; ganz hat sich die Situation allerdings nicht beruhigt, da die WS-I auch an Sicherheitsstandards arbeitet, die eigentlich nicht in ihr ursprüngliches Aufgabengebiet fallen.

Die Arbeit der WS-I erfolgt in Arbeitsgruppen (Working Groups) geordnet. Jede Arbeitsgruppe arbeitet an einem oder mehreren der von der WS-I bereitgestellten Werkzeuge. Tabelle 1.4enthält die verschiedenen Werkzeuge im Überblick.

Werkzeug	**Beschreibung**
Profiles	Spezifikationen, die die Zusammenarbeit von Web Services verbessern sollen.
Sample Implementations	Beispielhafte Implementierungen, die zeigen, wie Interoperabilität möglich wird.
Implementation Guidelines	Texte mit Hilfestellungen zum Implementieren von Spezifikationen.
Sniffer	Werkzeuge zum Beobachten und Speichern von Web Services-Aktivitäten.
Analyser	Werkzeug, das die vom Sniffer gelieferten Dateien untersucht.

Tabelle 1.4 Die Werkzeuge der WS-I

1.5 Implementierungen

Über all den verschiedenen Spezifikationen und Standards, aus denen Web Services bestehen, darf nicht in Vergessenheit geraten, dass nur die technischen Implementierungen einen Einsatz von Web Services erlauben. Die Implementierungen lassen sich grob in drei Bereiche unterteilen:

1. die Pioniere, die um die Vorherrschaft auf dem Markt kämpfen
2. viele bestehende Software-Systeme, die Web Services als zusätzliche Schnittstelle integrieren
3. viele kleinere oder unabhängige Lösungen

Bei den Pionieren sind zuerst die großen Rivalen Sun und Microsoft zu nennen. Sun hat Web Services in seine Sun ONE-Strategie integriert und bietet für alle Bedürfnisse Web Service-Implementierungen (**http://java.sun.com/webservices/**). Microsoft hat Web Services direkt in sein .NET Framework eingebaut und setzt voll auf diese Technologie (**http://msdn.microsoft.com/webservices/**). Der dritte Große im Bunde, IBM, verwendet in seiner E-Business-Plattform WebSphere (**www.ibm.com/websphere/**) mit J2EE-Sun-Technologie und ist auch ansonsten im Bereich Web Services sehr aktiv.

Zur zweiten Gruppe gehören die Anbieter betriebswirtschaftlicher Standardsoftware wie SAP und Oracle, aber auch viele andere Firmen, die ebenfalls auf Web Services setzen. Beispielsweise integriert die Firma Macromedia Web Services in ihren Editor Dreamweaver und in das Vektoranimationswerkzeug Flash MX 2004.

Web-Skriptsprachen und die Open Source-Bewegung bilden einen Großteil der dritten Gruppe. Für die meisten Web-Skriptsprachen stehen mittlerweile eine oder mehrere Implementierungen von Web Services zur Verfügung. Dies gilt sowohl für seltener eingesetzte Sprachen wie Perl und Python als auch für den Marktführer PHP.

PHP (PHP: Hypertext Preprocessor[5]) gilt als die populärste serverseitige Skriptsprache im Web. Die Mehrzahl der Web Hoster bietet PHP-Unterstützung und auch im Unternehmens-Einsatz setzen viele Firmen auf PHP. Grund genug, sich die Web Services-Fähigkeiten in diesem Werk genauer anzusehen.

Der Ursprung von PHP liegt im Jahr 1995. Rasmus Lerdorf wollte herausfinden, wie viele Zugriffe auf seinen Online-Lebenslauf erfolgten. Er schrieb dafür ursprünglich eine Reihe von Perl-Skripten. Als das Projekt immer umfangreicher wurde, implementierte er es in C und nannte das ganze PHP/FI (Personal Home Page/Forms Interpreter).

Im Jahr 1997 wurden die israelischen Studenten Andi Gutmans und Zeev Suraski auf PHP/FI 2.0 aufmerksam. Sie störten sich an einigen der Beschränkungen und schrieben PHP komplett neu – unter Zustimmung und mit Unterstützung von Rasmus Lerdorf. Das Ergebnis wurde im Jahre 1998 als »PHP 3.0« veröffentlicht. Der Nachfolger PHP 4 erschien Mitte 2000, PHP 5 wurde für Ende 2002 versprochen, ein Termin Mitte 2004 ist mittlerweile wahrscheinlich. Eine Testversion (als »Beta« gekennzeichnet, allerdings in Wahrheit noch im »Alpha«-Status) befindet sich bereits auf der PHP-Homepage **http://www.php.net/**.

Bei der Vielzahl von Implementierungen und den unterschiedlichen Ausrichtungen einzelner Lösungen bleiben Interoperabilitätsprobleme zwischen einzelnen Lösungen nicht aus. In der Praxis konnten wir beobachten, dass die Grundelemente Übermittlung, Beschreibung und auch die Verzeichnisdienste schon recht reibungslos funktionieren.

5 Das ist tatsächlich die offizielle Langform des Kürzels. In vielen Büchern wird der Doppelpunkt weggelassen, das ist aber schlichtweg falsch.

Gehen die Anforderungen dagegen über die Grundbedürfnisse hinaus und umfassen komplexere Technologiebereiche wie Sicherheit oder ganze Prozesse, ist Interoperabilität deutlich schwieriger zu erzielen.

1.6 Alternativen zu Web Services

Web Services sind natürlich nicht konkurrenzlos. Das Problem einfacher, maschinen-übergreifender Kommunikation zwischen Anwendungen wollen auch andere Technologien lösen. Ein kurzer Blick auf diese Konkurrenztechnologien lohnt, um Web Services besser einschätzen zu können.

1.6.1 CORBA

CORBA (Common Object Request Broker Architecture) wird oftmals als erste Umsetzung einer service-orientierten Architektur beschrieben. Darüber lässt sich streiten, da CORBA einen objekt-orientierten Ansatz verfolgt und deswegen nicht unbedingt als service-orientiert bezeichnet werden muss. Unabhängig von dieser akademischen Diskussion fungiert CORBA als Mittelschicht (Middleware) zwischen Anwendungen und erlaubt so die Zusammenarbeit unterschiedlichster Software-Systeme. Die CORBA-Spezifikationen werden von der OMG (Object Management Group, **http://www.omg.org/**) verwaltet.

CORBA gilt als ausgereifter Standard, allerdings leider auch als recht kompliziert. Viele sehen deswegen in der Einfachheit und Flexibilität von Web Services einen Vorteil. Andere wiederum betrachten Web Services nur als gute Schnittstelle für CORBA, um auch mit exotischen Systemen zu kommunizieren. Dieser zweite Ansatz führt zu **CORBA Web Services**, also Web Services, kombiniert mit CORBA.

1.6.2 REST

Die Verwendung von HTTP ohne zusätzliche Nachrichtenprotokolle wie XML-RPC oder SOAP bei Web Services, basiert auf der REST-Architektur. REST steht für REpresentational State Transfer und wurde von Roy Thomas Fielding, einem Mitentwickler des HTTP-Protokolls und heute Chef der Apache Foundation, in seiner Dissertation definiert. Die Dissertation beschäftigt sich mit einer ausführlichen Analyse des Internet und der dahinter stehenden Architektur. In Kapitel 5 der Dissertation wird REST vorgestellt. Darin wird die URI als Grundkonzept verwendet. Jede Ressource lässt sich mit einer URI eindeutig identifizieren. Der Zugriff erfolgt dann mit HTTP.

> Sie finden die Dissertation von Fielding unter **http://www.ics.uci.edu/~fielding/pubs/dissertation/top.htm**. REST-Anhänger führen einen teilweise hitzigen Feldzug gegen Web Services, die ihrer Meinung nach die REST-Prinzipien verletzen. Von den meisten REST-Jüngern wird HTTP mit den vorhandenen Verben GET, POST, etc. als Alternative angesehen. Einen interessanten Disput führt Paul Prescod: **http://www.prescod.net/rest/rest_vs_soap_overview/**.

Bisher ist der REST-Ansatz aus folgenden Gründen noch kein vollwertiger Ersatz für Web Services:

- Es besteht keine Beschreibungsmöglichkeit für den Rückgabewert einer HTTP-GET-Anfrage.
- Auf REST basierenden Diensten fehlt noch ein Verzeichnis zum Nachschlagen.
- Um nicht nur Daten abzufragen, sondern auch zu ändern oder zu löschen, werden die HTTP-Anweisungen PUT und DELETE benötigt, die aber noch kaum implementiert sind.

Auch wenn REST noch nicht als Ersatz gelten kann, so findet sich doch im neuen SOAP 1.2-Standard auch eine Beschreibung für die Verwendung von SOAP mit HTTP-GET. Dies ist augenscheinlich eine Annäherung zwischen Web Services- und REST-Anhängern.

Obwohl also theoretisch andere Umsetzungen auch eine service-orientierte Architektur darstellen können, bleiben Web Services doch die Paradeumsetzung der SOA.

1.6.3 Remoting

Unter dem Begriff Remoting werden Technologien zusammengefasst, die die Kommunikation über Remote-Objekte erlauben. Eine Anwendung ruft die Methode eines Remote-Objekts auf, das zu einer anderen Anwendung gehört und auf einer anderen Maschine liegt. Die bekanntesten Remoting-Technologien sind **.NET Remoting** von Microsoft (der eigentliche Nachfolger von DCOM) und **Java RMI** von Sun.

Das Remoting hat gegenüber Web Services meist einen Geschwindigkeitsvorteil, da Binärdaten übertragen werden, wohingegen Web Services mit XML, also Text, arbeiten. Dafür sind Remoting-Lösungen auf eine Plattform beschränkt. Das .NET Remoting erfordert also immer ein .NET Framework auf beiden Maschinen, und das Remoting mit Java erfordert Java auf beiden Plattformen; eine Kommunikation zwischen der Microsoft- und der Sun-Welt ermöglicht das Remoting also nicht. Hierfür sind Web Services eine gute Wahl.

1.6.4 EDI

Eine Außenseiterrolle bei den Konkurrenztechnologien nimmt EDI (Electronic Data Interchange) ein. EDI dient eigentlich dazu, eine gemeinsame Sprache zwischen Unternehmen zu schaffen, so dass die Kommunikation zwischen Maschinen funktioniert. Dazu läuft EDI allerdings aus Sicherheitsgründen nur in einem eigenen Netzwerk (auch Value-Added Network genannt). Dies war unter anderem dafür verantwortlich, dass sich fast nur große Unternehmen EDI-Lösungen leisten konnten.

Mittlerweile ist EDI unter dem Namen EDI/XML auch in Verbindung mit XML möglich. Web Services sind für EDI weniger Konkurrenz als vielmehr eine Transportmöglichkeit, um die Beschränkung auf ein eigenes Netzwerk aufzuheben und eine EDI-Kommunikation über das Internet zu ermöglichen.

2 XML-RPC

1 **Einführung und Architektur**

2 **XML-RPC**

3 **SOAP**

4 **WSDL**

5 **Verzeichnisdienste**

6 **Sicherheit**

7 **Praxisprojekt**

2 XML-RPC

Wirklich einsam ist der Mensch erst dann, wenn er die Zeitansage anrufen muss, um mit jemand zu plaudern.
– Georg Thomalla

Beim Programmieren ist oft vom KISS-Prinzip die Rede. Je nach Quelle steht das für »keep it straight and simple« oder, häufiger gebräuchlich, »keep it simple, stupid«. Die Kernaussage ist aber immer die gleiche: Es geht um das möglichst einfache Lösen von Problemen. Das Hinzufügen von Komplexität ist nur dann angebracht, wenn die Komplexität auch wirklich Nutzen bringt und zum Lösen des Problems beiträgt und nicht nur das Ego oder die klassischen Lehren der Softwaretechnik befriedigt.

So oder so ähnlich mögen auch die Hintergedanken der Entwickeler bei der Firma Userland gewesen sein, als sie begonnen haben, an XML-RPC zu arbeiten. Die Firma Userland ist für ihr Content-Management-System Frontier und für die Mitwirkung am RSS-Format[1] bekannt. Der Legende zufolge arbeitete sie zusammen mit Microsoft an einem Standard zum Austauschen von Nachrichten. Unzufrieden mit dem Fortgang der Arbeit, veröffentlichte UserLand-Chef (und Hauptprogrammierer) Dave Winer im April 1998 einen Teil des Projekts als XML-RPC und fand schnell eine Reihe von Anhängern. Das Projekt mit Microsoft wurde übrigens – mit tatkräftiger Unterstützung anderer Firmen – fortgesetzt; das Ergebnis war SOAP (siehe auch das nächste Kapitel).

> Nähere Hintergründe zu dieser Entwicklung erfahren Sie im Buch »Web Services – Die Standards«, das ebenfalls in der Web-Services-Reihe bei Galileo Press erschienen ist.

XML-RPC erlangte eine gewisse Beliebtheit, da das KISS-Prinzip recht gut angewandt worden ist. Das Format ist ziemlich einfach, das Arbeiten damit auch. Und in der Tat wurde keine weitere Komplexität hinzugefügt, das Format wurde nur noch marginal weiterentwickelt. Erst im Jahre 2003 wurde nach drei Jahren »Funkstille« eine neue, nur minimal geänderte Version vorgestellt.

---

1 Je nach Quelle steht RSS für »Really Simple Syndication« oder »Rich Site Summary« oder »RDF Site Summary«, ein Format, das beispielsweise von vielen News-Seiten verwendet wird, um die Weiterverwertung der neuen Meldungen auf anderen Websites zu ermöglichen. Ein Beispiel finden Sie beim bekannten deutschen PHP-Portal **http://www.dynamicwebpages.de/**.

2.1 XML-RPC en detail

Das Ziel der Entwickler von XML-RPC war es, die etablierten Technologien XML und HTTP miteinander zu verbinden, um verteilte Anwendungen möglich zu machen. Per HTTP wird eine XML-Anforderung von einem Rechner an einen anderen geschickt, damit dieser dann etwas tut. Etwas genauer: Ein Rechner schickt per HTTP eine XML-Nachricht mit einem Funktionsaufruf. Der Zielrechner führt diese Funktion aus und liefert das Ergebnis zurück. Es handelt sich also um einen entfernten Aufruf einer Funktion oder Prozedur, kurz: um einen **Remote Procedure Call**, RPC.

> Es gibt in der Tat einen Unterschied zwischen »Funktion« und »Prozedur«, der hier jedoch nur »Theorie-Hengste« interessieren dürfte. In der Programmiersprache Pascal hat eine Funktion einen Rückgabewert, eine Prozedur keinen. In Verbindung mit objektorientierter Programmierung (OOP) ist stets von Methoden die Rede, egal ob es Rückgabewerte gibt oder nicht. Andere Programmiersprachen wiederum, beispielsweise JavaScript, kennen nur Funktionen (auch welche ohne Rückgabewert).

2.1.1 Request

Zunächst werfen wir einen Blick auf das Format, das eine XML-RPC-Anforderung (engl. Request) an einen Web Service aufweist. In Anlehnung an das Zitat von Georg Thomalla vom Kapitelanfang rufen wir einen zunächst noch fiktiven Zeitansage-Webdienst auf. »Zunächst noch« deswegen, weil im zweiten Teil dieses Kapitels genau dieser Webdienst erstellt und verwendet wird.

Hier also zunächst die Anforderung an den Web Service:

```
<?xml version="1.0" ?>
<methodCall>
   <methodName>hauserwenz.Uhrzeit</methodName>
   <params>
      <param>
         <value><string>H:i</string></value>
      </param>
   </params>
</methodCall>
```

Nach der üblichen XML-Einleitung mit `<?xml ...` folgt das Wurzelelemen, `<methodCall>`. Darin ist der Methodenaufruf verschachtelt, der zwei Unterelemente erwartet:

- `<methodName>`: Der Name der aufzurufenden Prozedur
- `<params>`: Die Parameter, die an die Prozedur übergeben werden (optional)

Der Methodenname wird direkt im Klartext angegeben. Als Symtax hat es sich mittlerweile eingebürgert, das Format `<Gruppe>.<Prozedurname>` zu verwenden, also beispielsweise `hauserwenz.Uhrzeit`.

Innerhalb vom `<params>` können beliebig viele Parameter an die Prozedur übergeben werden; jeder davon innerhalb eines `<param>`-Elements. Das `<param>`-Element selbst enthält ein `<value>`-Element, das dann letztendlich den übergebenen Wert enthält.

Doch das ist noch nicht das Ende von zahlreichen aufeinander folgenden, ineinander verschachtelten XML-Elementen. Es gibt nämlich drei Möglichkeiten, einen Wert anzugeben:

- Der Wert wird direkt angegeben, mitsamt dem zugehörigen Datentyp.
- Es handelt sich um einen komplexen Wert, eine so genannte »Struktur« (entspricht in etwa einem mehrdimensionalen assoziativen Array).
- Es handelt sich um ein Array aus Werten, das sowohl »normale« Werte als auch Strukturen enthält.

2.1.2 Datentypen

Beginnen wir mit dem einfachsten Fall, einem einzelnen Wert, wie auch oben im Beispiel gezeigt:

```
<value><string>H:i</string></value>
```

Sie sehen: Innerhalb von `<value>` befindet sich ein Element, das den Datentyp des Parameters angibt (hier: `<string>`); darin steht dann der eigentliche Wert.

XML-RPC stellt sechs verschiedene Datentypen zur Verfügung:

XML-Element	Datentyp	Beispiel
`<string>`	Zeichenkette	Web Service
`<int>` (alternativ: `<i4>`)	Integer-Wert (32-Bit)	1234567890

Tabelle 2.1 Die Datentypen von XML-RPC

XML-Element	Datentyp	Beispiel
<double>	Fließkommazahl (64-Bit)	123456.7890[2]
<boolean>	Wahrheitswert	0 (falsch) und 1 (wahr)
<dateTime.iso8601>	Datumswert im ISO8601-Format (rechte Spalte zeigt 12 Uhr mittags an Heiligabend 2003)	20031224T12:00:00
<base64>	Ein in Base64 umgewandelter Binärwert	V2ViIFNlcnZpY2VzIG1pdCBQSFA=

Tabelle 2.1 Die Datentypen von XML-RPC (Forts.)

Mit der PHP-Funktion `base64_encode()` können Daten in Base64 umgewandelt werden. Die Rückumwandlung erledigt `base64_decode()`. Damit können Sie beispielsweise feststellen, dass der Beispielwert in Tabelle 2.1 für »Web Services mit PHP« steht.

Etwas komplexer wird es bei Strukturen, die durch <struct>-Elemente dargestellt werden. Jedes einzelne Element innerhalb einer Struktur wird durch <member> repräsentiert. Innerhalb vom <member> gibt es zwei Unterelemente:

- <name>: Der Name des Elements in der Struktur
- <value>: Der zugehörige Wert

Bei <value> erinnern Sie sich sicherlich an das oben Gesagte: Dort können Sie wieder »einfache« Werte angeben. Hier ein Beispiel für eine Struktur:

```
<value>
   <struct>
      <member>
         <name>Format</name>
         <value><string>H:i</string></value>
      </member>
      <member>
         <name>Lokalzeit</name>
         <value><datetime.iso8601>
            20031224T12:00:00
         </datetime.iso8601></value>
```

2 Wie bei Programmiersprachen üblich handelt es sich um einen Dezimalpunkt, das Äquivalent des deutschen Dezimalkommas.

```
    </member>
  </struct>
</value>
```

Natürlich kann man das noch auf die Spitze treiben; der Wert (<value>) eines Strukturelements könnte selbst wieder eine Struktur sein:

```
<value>
  <struct>
    <member>
      <name>Format</name>
      <value><struct>
        <member>
          <name>dateFormat</name>
          <value><string>H:i</string></value>
        </member>
        <member>
          <name>Beschreibung</name>
          <value><string>
            Stunde und Minute, zweistellig
          </string></value>
        </member>
      </struct></value>
    </member>
  </struct>
</value>
```

Spätestens jetzt wird es unübersichtlich – und bedenken Sie, wir haben den Rest wie <methodCall> bereits weggelassen!

Doch auch dies ist »steigerungsfähig«, und zwar mit den zuvor genannten Arrays. Wie in einer Programmiersprache ist auch in XML-RPC ein Array eine Liste aus Elementen. Diese haben keinen Namen, sondern nur Werte. Sie ahnen es: Hier sind wieder <value>-Elemente gefragt. Diese befinden sich in einem <data>-Element, das wiederum ein Unterelement von <array> ist. Hier ein Beispiel:

```
<value>
  <array>
    <data>
      <value>H:i</value>
      <value><string>Stunde und Minute</string></value>
    </data>
```

```
    </array>
</value>
```

Auch dies kann auf die Spitze getrieben werden. Zunächst einmal können Arrays auch verschachtelt werden, sprich: Arrays werden als einzelner Wert eines Arrays verwendet:

```
<value>
    <array>
        <data>
            <value>H:i</value>
            <value>
                <array>
                    <data>
                        <value><string>Stunde</string></value>
                        <value><string>Minute</string></value>
                    </data>
                </array>
            </value>
        </data>
    </array>
</value>
```

Und natürlich müssen die einzelnen Arraywerte auch keine »einfachen« Werte sein, es sind auch Strukturen möglich:

```
<value>
    <array>
        <data>
            <value>
                <struct>
                    <member>
                        <name>Format</name>
                        <value><string>H:i</string></value>
                    </member>
                    <member>
                        <name>Lokalzeit</name>
                        <value><datetime.iso8601>
                            20031224T12:00:00
                        </datetime.iso8601></value>
                    </member>
                </struct>
            </value>
```

```
      </data>
    </array>
  </value>
```

Sie sehen hieran zweierlei Dinge: Das Schöne ist: XML-RPC ist sehr flexibel und ermöglicht auch sehr komplexe Datenstrukturen. Das Unschöne ist: Je komplexer die Datenstruktur wird, desto komplexer und auch umfangreicher werden die XML-Daten.

> Eine kurze Abhandlung über die Zukunftsaussichten von XML-RPC trotz beziehungsweise wegen dieser Einschränkungen finden Sie in Kapitel 1 und auch im Standards-Buch.

2.1.3 Response

Der Rückgabewert (engl. Response) von einem XML-RPC-Server unterscheidet sich nicht großartig von einer Anfrage an den Server; lediglich `<methodCall>` wird durch `<methodResponse>` ausgetauscht. Die Rückgabewerte selbst stehen als `<param>`-Elemente innerhalb eines `<params>`-Elements. Als Werte eines Parameters stehen die oben gezeigten Möglichkeiten zur Verfügung: einfache Datentypen, Strukturen, Arrays oder eine Mischung daraus.

```
<?xml version="1.0" ?>
<methodRespone>
  <params>
    <param>
      <value><string>H:i</string></value>
    </param>
    <param>
      <value>
        <struct>
          <name>Verarbeitungsdauer (in ms)</name>
          <value><double>0.321</double></value>
        </struct>
      </value>
    </param>
  </params>
</methodResponse>
```

Doch wie wird überhaupt eine Rückgabe erzeugt? Zunächst wird eine XML-Anfrage erstellt, wie im vorherigen Abschnitt gezeigt. Diese wird dann per HTTP-POST an den XML-RPC-Server geschickt. Der HTTP-Header dieser Anforderung sieht in etwa wie folgt aus:

```
POST /xmlrpc-server-skript.php HTTP/1.0
User-Agent: Name-des-Clients
Host: Servername
Content-type: text/xml
Content-length: 234

<?xml version="1.0" ?>
...
```

Die Antwort kann dann wie folgt aussehen:

```
HTTP/1.1 200 OK
Date: Wed, 24 Dec 2003 12:00:00 GMT
Connection: close
Content-type: text/xml
Content-length: 123

<?xml version="1.0" ?>
...
```

Sie sehen, es läuft also alles mit dem herkömmlichen HTTP-Protokoll ab.

Vielleicht ist es Ihnen aufgefallen – die Anfrage wurde mit HTTP 1.0 gestellt, die Rückgabe war HTTP 1.1. Das ist kein Tippfehler, sondern eine Beobachtung aus der Praxis: XML-RPC benötigt lediglich HTTP 1.0; die meisten Webserver unterstützen aber bereits HTTP 1.1. Die Konsequenz: Stellen Sie immer eine Anfrage im 1.0-Format, dann haben Sie mit keinem Webserver Probleme; wundern Sie sich aber nicht über eine Antwort im (übrigens abwärtskompatiblen) HTTP 1.1.

2.1.4 Fehler

Beim Einsatz von Web Services auf Basis von XML-RPC können – eine funktionierende Netzwerk-/Internetverbindung vorausgesetzt – an zwei Stellen Fehler auftreten. Entweder ist auf Konsumentenseite ein Fehler beim Aufruf aufgetreten (zum Beispiel wurde eine falsche Parameterzahl angegeben), oder auf der Anbieterseite ist ein Fehler aufgetreten (z.B. ist die an den Web Service angebundene Datenbank ausgefallen). In beiden Fällen besteht die Möglichkeit, eine detaillierte Fehlermeldung an den Client zu liefern. Diese wird – wie könnte es anders sein – ebenfalls im XML-Format verschickt. Hier ein Beispiel:

```
<?xml version="1.0" ?>
<methodResponse>
   <fault>
      <value>
         <struct>
            <member>
               <name>faultCode</name>
               <value><int>1</int></value>
            </member>
            <member>
               <name>faultString</name>
               <value><string>
                  Method not found.
               </string></value>
            </member>
         </struct>
      </value>
   </fault>
</methodResponse>
```

Die geforderte Methode existiert also offenbar nicht. In der Struktur wird unter `faultCode` die Fehlernummer angegeben, in `faultString` eine detailliertere Fehlermeldung. Das Ganze befindet sich innerhalb eines `<fault>`-Elements.

So weit, so gut. Mit diesem Wissen wäre es nun theoretisch möglich, eine PHP-Unterstützung für XML-RPC zu erstellen. Die XML-Anfrage kann man von Hand zusammenstellen; auf dem Server muss dann das XML interpretiert und die gewünschte Methode aufgerufen werden. Auf der Clientseite schließlich wird dann der Rückgabewert der Prozedur ebenfalls ausgewertet.

Aber wieso selbst aktiv werden, wenn man diese Arbeit auch an fähige Leute delegieren kann? Es gibt nämlich zwei bekannte PHP-Implementierungen für XML-RPC; im Folgenden werden sie vorgestellt.

2.2 XML-RPC mit Useful inc

Das bekannteste Paket zur bequemen Verwendung von XML-RPC unter PHP wurde auf der Website von Useful inc veröffentlicht. Die aktuelle Version ist 1.0.99.2 und stammt vom Anfang 2003; die Projektleiter haben angekündigt, aus dieser Version eine Version 1.1 zu machen, was zumindest bis Ende September 2003 nicht geschah. Das macht jedoch überhaupt nichts, denn XML-RPC wurde (wie oben erläutert) zwischen 2000 und 2003 nur äußerst spärlich weiter entwickelt. Die Homepage des Projekts befindet sich unter **http://xmlrpc.usefulinc.com/php.html**. Praktischerweise ist die Erweiterung komplett in PHP geschrieben, es muss also nichts kompiliert werden, und es funktioniert demnach unter jedem Betriebssystem, auf dem PHP läuft.

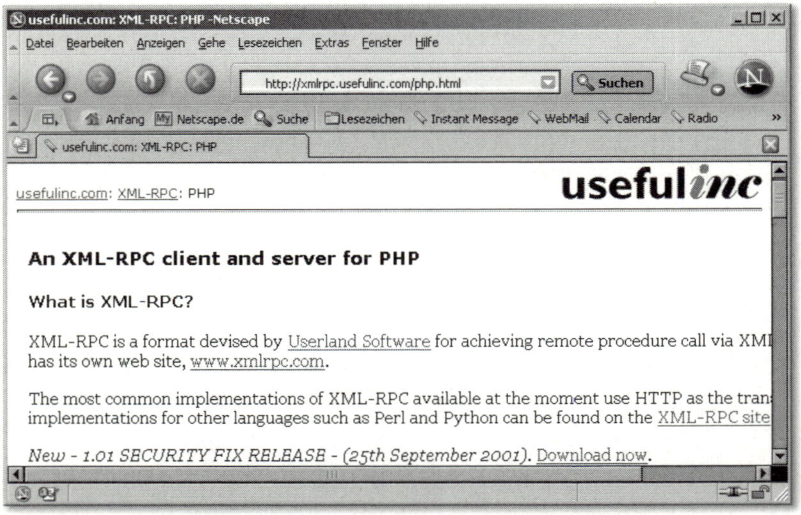

Abbildung 2.1 Die Homepage zu XML-RPC für PHP

Die Dateien werden auf der Open-Source-Softwareplattform SourceForge abgelegt, die zugehörige Webseite ist **http://sourceforge.net/project/showfiles.php?group_id=34455** (aber auch auf der oben genannten Seite von Useful inc finden Sie einen Link auf sie).

Das Paket steht sowohl als **.zip**- als auch als **.tar.gz**-Datei zur Verfügung, der Dateiinhalt ist jedoch funktional identisch. Entpacken Sie das Archiv, und rufen Sie dann die Datei **bettydemo.php** im Webserver auf. Sie können dort die Nummer eines amerikanischen Staates eingeben. Im Hintergrund wird ein öffentlicher XML-RPC-Service aufgerufen und aufgrund einer Nummer der entsprechende Bundesstaat der Vereinigten Staaten von Amerika ermittelt.

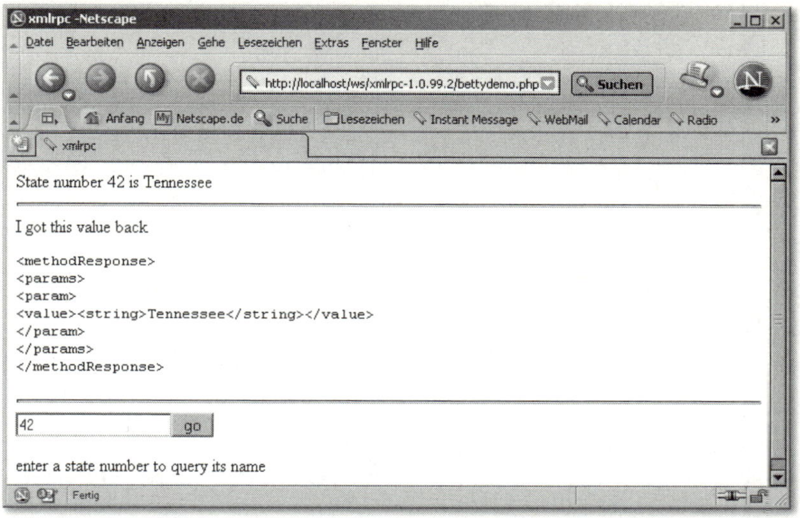

Abbildung 2.2 Der Test war erfolgreich, die PHP-Klasse funktioniert.

> Wenn bei Ihnen im Webbrowser PHP-Warnungen erscheinen, dann liegt das an der etwas schlampigen Programmierung des Projekts. Deaktivieren Sie Warnungen in der **php.ini**. Erscheinen bei Ihnen trotz aktivierter PHP-Warnungen keine dementsprechenden Meldungen auf dem Bildschirm, haben unsere Bug-Reports gefruchtet ☺

Der Vollständigkeit halber ist hier die angepasste Variante von **bettydemo.php** abgedruckt, die keine Fehler mehr meldet. Modifikationen gegenüber der originalen Version 1.0.99.2 sind halbfett dargestellt:

```
<html>
<head><title>xmlrpc</title></head>
<body>
<?php
include("xmlrpc.inc");

if (isset($HTTP_POST_VARS["stateno"])) {
  $f=new xmlrpcmsg('examples.getStateName',
    array(new xmlrpcval($HTTP_POST_
VARS["stateno"], "int")));
  $c=new xmlrpc_client("/RPC2", "betty.userland.com", 80);
  $r=$c->send($f);
  $v=$r->value();
```

```
  if (!$r->faultCode()) {
    print "State number ". $HTTP_POST_
VARS["stateno"] . " is " .
    $v->scalarval() . "<BR>";
    print "<HR>I got this value back<BR><PRE>" .
    htmlentities($r->serialize()). "</PRE><HR>\n";

  } else {
    print "Fault: ";
    print "Code: " . $r->faultCode() .
    " Reason '" .$r->faultString()."'<BR>";
  }
  $stateno = $HTTP_POST_VARS["stateno"];
} else {
  $stateno = "";
}
print "<FORM  METHOD=\"POST\">
<INPUT NAME=\"stateno\" VALUE=\"${stateno}\"><input type=\
"submit\" value=\"go\" name=\"submit\"></FORM><P>
enter a state number to query its name";
?>
</body>
</html>
```

2.2.1 Web Service erstellen

Die eigentliche Funktionalität der PHP-Klasse befindet sich in den folgenden beiden Dateien:

- **xmlrpc.inc**: Die allgemeine XML-RPC-Funktionalität
- **xmlrpcs.inc**: Der XML-RPC-Server

Um selbst einen Web Service anzubieten, also um einen XML-RPC-Server zu erstellen, benötigen Sie beide Dateien. Ihr Skript sollte also die folgenden beiden Zeilen beinhalten:

```
require_once "xmlrpc.inc";
require_once "xmlrpcs.inc";
```

Als Nächstes erzeugen Sie einen Web Service, der in diesem Fall nichts anderes als eine PHP-Funktion ist. Wir verwenden dazu natürlich einen besonders einfachen Fall: Die aktuelle Uhrzeit wird zurückgegeben.

Dazu benötigen Sie zwei Objekte, die in **xmlrpc.inc** definiert werden:

- Die Funktion muss ein Objekt vom Typ `xmlrpcresp` zurückliefern – das steht für XML-RPC-Response. Der Konstruktor erwartet als Parameter den zurückzugebenden Wert (`<value>`-Element).
- Ein XML-RPC-Wert wird als Objekt vom Typ `xmlrpcval` erzeugt. Beim Konstruktor müssen Sie als ersten Parameter den eigentlichen Wert, als zweiten Parameter den Datentyp (z.B. `"dateTime.iso8601"`) angeben.

Wenn Sie den zweiten Parameter beim `xmlrpcval`-Konstruktor weglassen, wird automatisch `string` als Datentyp angenommen.

Außerdem erwartet die Funktion einen Parameter – nämlich die Parameter, die unter Umständen vom aufrufenden Client mit übergeben werden.

Genug der Vorrede, hier der Code:

```
function jetzt_string($params) {
   $wert = new xmlrpcval(date("H:i"), "string");
   return $wert;
}
function jetzt_8601($params) {
   $wert = new xmlrpcval(date("Ymd") . "T" . date("H:i:s"),
      "dateTime.iso8601");
   return new xmlrpcresp($wert);
}
```

Die zweite Funktion liefert einen Wert im ISO8601-Format zurück, das durch zwei entsprechende Aufrufe von `date()` ermittelt wird. Dies ist notwendig, weil das Zeichen »T« Pflicht ist, innerhalb eines `date()`-Aufrufs aber für die Zeitzone steht.

Nun müssen Sie nur noch dem PHP-Skript sagen, dass es sich bei den beiden Funktionen um XML-RPC-Funktionen handeln soll. Dazu müssen Sie ein Objekt vom Typ `xmlrpc_server` erstellen. Als Parameter wird ein assoziatives Array erwartet, die Schlüssel des Arrays sind die Methodennamen. Die Werte des Arrays sind selbst wieder assoziative Arrays, bei denen unter anderem angegeben wird, wie die zugehörige PHP-Funktion heißt. Hier der entsprechende Aufruf für obiges Beispiel:

```
$xmlrpc = new xmlrpc_server(
   array("hauserwenz.jetzt_string" =>
```

```
        array("function" => "jetzt_string")
    ),
    array("hauserwenz.jetzt_iso8601" =>
        array("function" => "jetzt_iso8601")
    ),
);
```

Der Web Service kennt nun die Methoden `hauserwenz.jetzt_string` und `hauserwenz.jetzt_iso8601`. Ein POST auf das aktuelle PHP-Skript genügt. Hier der komplette Quellcode:

```
<?php
require_once "xmlrpc.inc";
require_once "xmlrpcs.inc";

function jetzt_string($params) {
    $wert = new xmlrpcval(date("H:i"), "string");
    return new xmlrpcresp($wert);
}
function jetzt_8601($params) {
    $wert = new xmlrpcval(date("Ymd") . "T" . date("H:i:s"),
        "dateTime.iso8601");
    return new xmlrpcresp($wert);
}

$xmlrpc = new xmlrpc_server(
    array("hauserwenz.jetzt_string" =>
        array("function" => "jetzt_string")
    ),
    array("hauserwenz.jetzt_iso8601" =>
        array("function" => "jetzt_iso8601")
    )
);
?>
```

Listing 2.1 Der einfache XML-RPC-Server (xmlrpcserver1.php)

Wie Sie die Dienste nun in Anspruch nehmen können, erfahren Sie in Abschnitt 2.2.5, »Web Service konsumieren«. Zunächst folgen aber noch Hintergrundinformationen über die Server-Klasse.

2.2.2 Datenzugriff

Zunächst einmal ist es interessant zu wissen, wie auf die übergebenen Parameter zugegriffen werden kann. Die Methode `getParam()` liefert den entsprechenden Parameter zurück, und als Parameter wird die Indexnummer des Parameters übergeben (die Zählung beginnt bei 0). Dies soll bei einer weiteren Inkarnation des Uhrzeit-Dienstes realisiert werden: Das Uhrzeitformat kann per Parameter angegeben werden, genau wie bei der PHP-`date()`-Funktion[3].

Zusätzlich ist es noch wichtig zu wissen, dass die Methode `scalarval()` einen Parameter in einen »ordentlichen« PHP-Wert umwandelt, so dass Sie damit arbeiten können.

Hier der entsprechende Code:

```
<?php
require_once "xmlrpc.inc";
require_once "xmlrpcs.inc";

function uhrzeit($params) {
   $param = $params->getParam(0);
   if (isset($param)) {
      $p = $param->scalarval();
      $wert = new xmlrpcval(date($p), "string");
      return new xmlrpcresp($wert);
   }
}

$xmlrpc = new xmlrpc_server(
   array("hauserwenz.uhrzeit" =>
      array("function" => "uhrzeit")
   )
);
?>
```

Listing 2.2 Parameter werden ausgelesen (xmlrpcserver2.php).

Die verschiedenen XML-RPC-Datentypen sind in der Datei **xmlrpc.inc** definiert. Das Folgende ist ein Auszug aus dieser Datei:

```
$xmlrpcI4='i4';
$xmlrpcInt='int';
$xmlrpcBoolean='boolean';
$xmlrpcDouble='double';
$xmlrpcString='string';
$xmlrpcDateTime='dateTime.iso8601';
```

3 Um genau zu sein: Der Parameter wird hier schlicht an `date()` weitergereicht.

```
$xmlrpcBase64='base64';
$xmlrpcArray='array';
$xmlrpcStruct='struct';
```

Sprich: Anstelle der Datentypen als String können Sie auch die vorgefertigten Variablen verwenden – das ist Geschmackssache.

Wenn ein Webdienst komplexere Datentypen zurückgeben soll, ist ebenfalls `xmlrpcval` das Objekt der Wahl. Sie müssen dabei Folgendes beachten:

- Zur Erstellung eines (XML-RPC-)Arrays verwenden Sie den `xmlrpcval`-Konstruktor. Der erste Parameter ist das Array (bestehend aus einzelnen `xmlrpcval`-Elementen), der zweite der Datentyp, also `"array"` oder `$xmlrpcArray`:

  ```
  $wert = new xmlrpcval(
     array(new xmlrpcval(date("H:i"), "string"),
           new xmlrpcval(time(), "int")
     ),
     "array"
  );
  ```

- Um eine Struktur zu erzeugen, geben Sie wie gehabt als zweiten Parameter für den `xmlrpcval`-Konstruktor `"struct"` oder `$xmlrpcStruct` an. Als ersten Parameter geben Sie ein Array an, in dem die Namen (<name>-Element) der einzelnen Struktur-Elemente als Schlüssel angegeben sind; Arraywerte sind die eigentlichen Werte, die wieder als `xmlrpcval` kodiert werden:

  ```
  $wert = new xmlrpcval(
     array(
        "Uhrzeit hh:ss" =>
        new xmlrpcval(date("H:i"), "string"),
        "Epoche" =>
        new xmlrpcval(time(), "int")
     ),
     "struct"
  );
  ```

> Wie zuvor gilt auch hier: Ein beliebig hoher Komplexitätsgrad ist natürlich möglich, indem die einzelnen Datentypen beliebig ineinander verschachtelt werden.

2.2.3 Fehlerbehandlung

In Abschnitt 2.1.4, »Fehler«, haben Sie bereits gesehen, dass XML-RPC Fehlermeldungen unterstützt. Da kann die XML-RPC-Klasse für PHP natürlich nicht nachstehen. Der Punkt, an dem Sie hier ansetzen müssen, ist natürlich die Erzeugung des `xmlrpcresp`-Objekts. Damit Ihr Web Service Fehlermeldungen zurückgeben kann, müssen Sie natürlich das `xmlrpcresp`-Objekt erzeugen. Bisher haben Sie als ersten Wert immer ein `xmlrpcval`-Objekt übergeben. Jetzt übergeben Sie schlicht eine 0. Der zweite Parameter ist ein numerischer Fehlercode, der dritte Parameter eine textuelle Fehlerbeschreibung.

Der Fehlercode verdient eine besondere Beachtung. In der Datei **xmlrpc.inc** sind einige Fehlercodes bereits vordefiniert:

Fehlernummer	Fehlertext	Beschreibung
1	Unknown method	Methode existiert nicht
2	Invalid return payload: enabling debugging to examine incoming payload	Ungültiger Rückgabewert
3	Incorrect parameters passed to method	Ungültige übergebene Parameter
4	Can't introspect: method unknown	Methode unbekannt
5	Didn't receive 200 OK from remote server.	Server lieferte keinen HTTP-Status-Code 200
6	No data received from server.	Keine Daten vom Server enthalten
7	No SSL support compiled in.	SSL-Unterstützung von PHP nicht aktiviert
8	CURL error	CURL[4]-Fehler
9	system.multicall expected struct	Keine Struktur übergeben
10	missing methodName	Methodenname fehlt
11	methodName is not a string	Methodenname ist kein String

Tabelle 2.2 Die in xmlrpc.inc vordefinierten Fehlercodes

4 Die verwendete Bibliothek für HTTP-Operationen; seit PHP 4.3.0 eigentlich nicht mehr gebräuchlich.

Fehlernummer	Fehlertext	Beschreibung
12	recursive system.multicall forbidden	Ungültiger rekursiver Aufruf
13	missing params	Fehlende Parameter
14	params is not an array	Parameter nicht als Array übergeben

Tabelle 2.2 Die in xmlrpc.inc vordefinierten Fehlercodes (Forts.)

Zusätzlich hierzu gibt es noch Fehlercodes über 100, die auf Probleme beim XML-Parsen hindeuten (diese Fehlermeldungen rühren dann direkt vom XML-Parser her).

Bei XML-RPC gibt es – übrigens im Gegensatz zu SOAP – keine vordefinierten Fehlercodes, das kann jeder Server selbst implementieren.

Um nun eigene Fehlernummern anzugeben, sollten Sie darauf achten, dass Sie keine vorhandenen Nummern überschreiben. Hierzu ist in der XML-RPC-Klasse ein besonderer Mechanismus vorgesehen. Die globale Variable `$xmlrpcerruser` enthält die Fehlernummer für benutzerdefinierte Fehler (Initialisierungswert: 800). Wenn Sie einen Fehler erzeugen, erhöhen Sie die globale Variable einfach, und schon haben Sie eine neue, passende Fehlernummer.

Doch wie können Sie überhaupt einen Fehler feststellen? Indem Sie den Aufruf der Methode überprüfen. Sind genug Parameter übergeben worden, ist der Typ korrekt? Letzteres können Sie über die Methode `scalartyp()` ermitteln. Hier sehen Sie eine angepasste Methode `hauserwenz.uhrzeit`:

```
<?php
require_once "xmlrpc.inc";
require_once "xmlrpcs.inc";

function uhrzeit($params) {
   $param = $params->getParam(0);
   if (isset($param) && $param->scalartyp() == "string") {
      $p = $param->scalarval();
      $wert = new xmlrpcval(date($p), "string");
      return new xmlrpcresp($wert);
   } else {
```

```
      global $xmlrpcerruser;
      $wert = new xmlrpcresp(0,
                             $xmlrpcerruser,
                             "Falscher Parameter");
      return $wert;
   }
}

$xmlrpc = new xmlrpc_server(
   array("hauserwenz.uhrzeit" =>
      array("function" => "uhrzeit")
   )
);
?>
```

Listing 2.3 Integrierte Fehlerbehandlung (xmlrpcserver3.php)

2.2.4 Weitere Angaben

Erinnern Sie sich noch an die Aussage auf Seite 21, wo es hieß, das Array, das als Parameter für den `xmlrpc_server`-Konstruktor verwendet wird, würde unter anderem den Namen der eigentlichen PHP-Funktion enthalten? Nun, das Array besitzt auch andere Elemente. Diese sind zwar optional, sind aber für die Verwendung des Dienstes sehr nützlich.

Zunächst einmal können Sie noch eine textuelle Beschreibung für den Web Service angeben, die auch HTML-Markup enthalten darf:

```
$beschreibung = "Liefert die <i>atomgenaue</i> Uhrzeit";
```

Viel interessanter ist jedoch die so genannte **Signatur**, die angibt, welche Parameter die Methode erwartet. Betrachten wir die Beispielmethode `uhrzeit`. Diese hat den Rückgabewert String und erwartet als Parameter ebenfalls einen String-Wert. Die Signatur kann dann wie folgt angegeben werden:

```
$signatur = array(
   array("string", "string")
);
```

Zur Klarstellung: Der erste Wert im inneren Array ist der Rückgabewert der Methode, der Rest sind die erwarteten Parameter. Warum dieses Array selbst innerhalb eines Arrays liegt? Nun, eine Methode kann auch mehrere Signaturen haben, beispielsweise optionale Parameter. Hier ein Beispiel: Die Methode `uhrzeit` werde so erweitert, dass sie auch ohne Parameter funktioniert; in diesem Fall wird die Uhrzeit im bekannten Format `hh:ss` zurückgegeben. Dann würde die Signatur wie folgt aussehen:

```
$signatur = array(
   array("string"),
   array("string", "string"),
);
```

Diese Informationen – also die Zuordnung der Methode, die Beschreibung und die Signatur(en), werden dann wie folgt angegeben:

```
$xmlrpc = new xmlrpc_server(
   array("hauserwenz.uhrzeit" =>
      array(
         "function" => "uhrzeit",
         "docstring" => $beschreibung,
         "signature" => $signatur
      )
   )
);
```

Leider macht die aktuelle XML-RPC-Implementierung immer wieder Schwierigkeiten mit Signaturen. Warum? Es gibt einen Bug in **xmlrpcs.inc**, zumindest in Version 1.0.99.2. Werfen Sie einen Blick in Zeile 352:

```
return array(1);
```

Es wird ein Array mit einem Element zurückgegeben. Allerdings wird in Zeile 434 davon ausgegangen, dass ein Array geschickt wird, das zwei Elemente enthält:

```
list ($ok, $errstr) = $this->verifySignature($m, $sig);
```

Die Lösung für diesen Bug: Geben Sie in Zeile 352 ein zwei-elementiges Array zurück:

```
return array(1, 1);
```

> Auch dieser Fehler ist den Entwicklern gemeldet worden; möglicherweise steht zu dem Zeitpunkt, wenn dieses Buch veröffentlicht wird, bereits eine neue, korrigierte Version zur Verfügung.

Damit ist das Server-Beispiel vollständig. Hier folgt noch einmal der komplette Code, samt modifizierter `uhrzeit`-Funktion:

```
<?php
require_once "xmlrpc.inc";
require_once "xmlrpcs.inc";

function uhrzeit($params) {
   $param = $params->getParam(0);
   if (isset($param)) {
      if ($param->scalartyp() == "string") {
         $p = $param->scalarval();
         $wert = new xmlrpcval(date($p), "string");
         return new xmlrpcresp($wert);
      } else {
         global $xmlrpcerruser;
         $wert = new xmlrpcresp(0,
                                $xmlrpcerruser,
                                "Falscher Parameter");
         return $wert;
      }
   } else {
         $wert = new xmlrpcval(date("H:i"), "string");
         return new xmlrpcresp($wert);
   }
}

$beschreibung = "Liefert die <i>atomgenaue</i> Uhrzeit";
$signatur = array(
   array("string"),
   array("string", "string"),
);

$xmlrpc = new xmlrpc_server(
   array("hauserwenz.uhrzeit" =>
      array(
         "function" => "uhrzeit",
         "docstring" => $beschreibung ,
         "signature" => $signatur
      )
   )
);
?>
```

Listing 2.4 Das komplette Server-Beispiel (xmlrpcserver4.php)

Sie sollten jetzt bereits einmal den Dienst im Webbrowser aufrufen. Zwar handelt es sich nur um den XML-RPC-Server – einen Client haben wir noch nicht –, allerdings können Sie durch ein Aufrufen des Skripts bereits testen, ob Sie Tippfehler im PHP-Code haben. Falls Sie alles richtig gemacht haben, erscheint trotzdem eine Fehlermeldung – logisch, denn Ihre Anfrage an den Server ist natürlich nicht im XML-RPC-Format. Aber immerhin, Sie wissen zumindest, dass Sie keinen Syntaxfehler im PHP-Code haben.[5] Diese Fehlermeldung wird im XML-Format zurückgegeben, die neuere Browser auch schön formatiert anzeigen. Wie erwartet ist es eine Fehlermeldung über 100, also ist etwas beim XML-Parsen »passiert«.

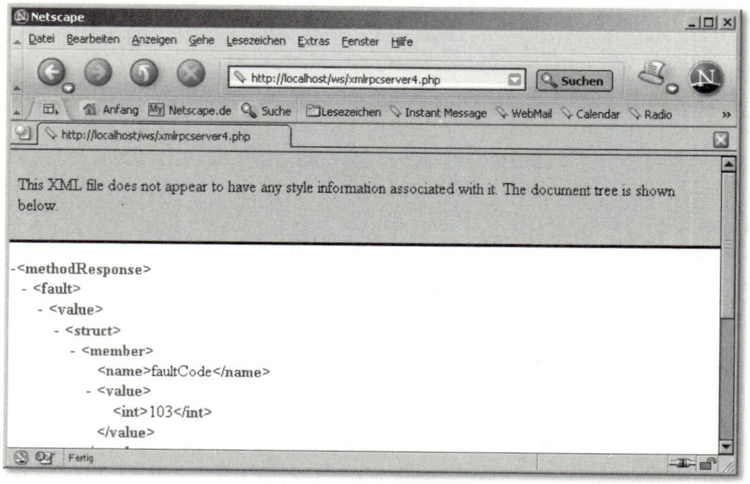

Abbildung 2.3 Gutes Gefühl trotz Fehlermeldung: Die PHP-Syntax ist okay.

2.2.5 Web Service konsumieren

Ist ein XML-RPC-Service erst einmal vorhanden, ist der entsprechende Client verhältnismäßig schnell erstellt. Auch hier gehen wir schrittweise vor. Zunächst einmal muss wieder die Datei **xmlrpc.inc** verwendet werden – **xmlrpcs.inc** dagegen benötigen wir nicht mehr:

```
require_once "xmlrpc.inc";
```

Zunächst muss ein Client-Objekt erstellt werden. Hierfür stellt die Klasse das Objekt `xmlrpc_client` zur Verfügung. Es gibt drei Parameter: den Namen des Web-Service-Skripts (inklusive Pfad), den zugehörigen Servernamen sowie den Part, auf dem der Webserver läuft:

5 Logische Fehler könnten Ihnen natürlich – leider – trotzdem unterlaufen sein.

```
$xmlrpc = new xmlrpc_client(
   "/ws/xmlrpcserver4.php",
   "localhost",
   80
);
```

Den dritten Parameter können Sie auch leer lassen, falls Sie den Standard-Port (80 für HTTP, 443 für HTTPS) verwenden.

Als Nächstes müssen Sie dem XML-RPC-Server eine Nachricht zukommen lassen – den Methodenaufruf nämlich. Den verpacken Sie in einem `xmlrpcmsg`-Objekt. Zwei Parameter werden benötigt:

- Die aufzurufende Methode
- Die Parameter, die Sie übergeben wollen – als Array aus `xmlrpcval`-Werten

```
$msg = new xmlrpcmsg(
   "hauserwenz.uhrzeit",
   array(new xmlrpcval("H:i", "string"))
);
```

Diese Nachricht wird dann mit der `send()`-Methode des Clients an den Server verschickt; die Methode `value()` des Rückgabewerts der Methode liefert den Rückgabewert des Web Service.

```
$antwort = $xmlrpc->send($msg)
$ergebnis = $antwort->value();
```

Diese Antwort wird ausgewertet. Wenn die Methode `faultCode()` etwas zurückliefert, ist tatsächlich ein Fehler passiert; dieser wird dann samt Fehlermeldung (`faultString()`) ausgegeben:

```
if ($antwort->faultCode()) {
   print "Fehler {$antwort->faultCode()} (" .
      htmlspecialchars($antwort->faultString()) . ")";
}
```

Andernfalls wird das Ergebnis ausgegeben. Da es sich bei unserem Beispiel-Web-Service um einen »einfachen« Datentyp handelt, kann hier wieder `scalarval()` verwendet werden:

```
  else {
   print "Atomzeit: {$ergebnis->scalarval()}";
}
```

Hier sehen Sie ein komplettes Listing. Sie können per Mausklick den Parameter angeben, der dann an den Web Service übermittelt wird. Außerdem wird noch der tatsächliche Rückgabe-XML-Code ausgegeben. Dieser wird ermittelt, indem die Methode `serialize()` der Server-Rückgabe angewandt wird:

```
<?php
require_once "xmlrpc.inc";

$xmlrpc = new xmlrpc_client(
   "/ws/xmlrpcserver4.php",
   "localhost",
   80
);

$msg = new xmlrpcmsg(
   "hauserwenz.uhrzeit",
   array(new xmlrpcval("H:i", "string"))
);

$antwort = $xmlrpc->send($msg);
$ergebnis = $antwort->value();
if ($antwort->faultCode()) {
   print "Fehler " . $antwort->faultCode() . " (" .
      htmlspecialchars($antwort->faultString()) . ")";
} else {
   print "Atomzeit: " . $ergebnis->scalarval();
}
?>
```

Listing 2.5 Der Web Service wird aufgerufen (xmlrpcclient1.php).

Drei Tipps für erweiterte Möglichkeiten der Klasse `xmlrpc_client`:

- Wenn Sie SSL einsetzen möchten, müssen Sie der `send()`-Methode zusätzliche Parameter übergeben. Als zweiten Parameter geben Sie an, nach wie vielen Sekunden ein Timeout erfolgen soll (0 bedeutet: nie, was auch der Standard ist), dritte Parameter nennt das gewählte Protokoll (Standard: `"http"`, Alternative: `"https"`).

- Außerdem ist es noch möglich, mit `setCredentials()` einen Benutzernamen und ein Passwort zu übergeben, um sich beim System zu authentifizieren (Basic Authorization).
- Letzter Tipp: Die Methode `setDebug()` gibt die rohen XML-Daten zurück, wenn Sie als Parameter `TRUE` übergeben.

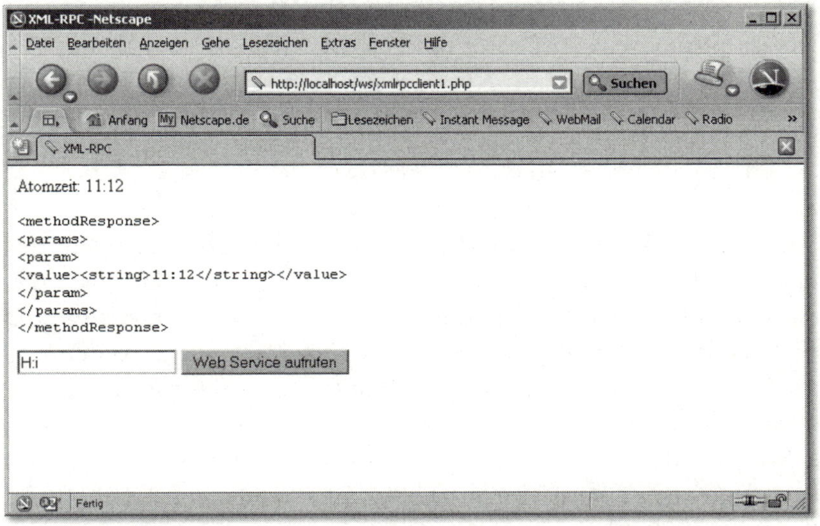

Abbildung 2.4 Die Uhrzeit per Web Service

2.2.6 Wichtige Hilfsfunktionen

Abschließend soll noch auf einige Hilfsfunktionen hingewiesen werden, die ebenfalls in **xmlrpc.inc** definiert worden sind und zum Umwandeln von speziellen Werten dienen:

- `iso8601_decode($iso, $utc)` wandelt die ISO8601-Zeit `$iso` in einen Unix-Timestamp (Epoche-Wert) um; ist `$utc` auf `TRUE` gesetzt, wird ein UTC-Wert erzeugt.
- `iso8601_encode($zeit, $utc)` wandelt den Timestamp `$zeit` in einen ISO8601-Wert um; ist `$utc` auf `TRUE` gesetzt, wird ein UTC-Wert erzeugt.
- `xmlrpc_decode($wert)` wandelt den XML-RPC-Wert `$wert` (vom Typ `xmlrpcval`) in ein PHP-Element um.
- `xlrpc_encode($wert)` wandelt den PHP-Wert `$wert` in einen XML-RPC-Wert (vom Typ `xmlrpcval`) um – mit Ausnahme von ISO8601-Datumswerten und von Base64-Daten. Aber immerhin funktioniert das auch mit Strukturen und Arrays.

Damit ist es deutlich bequemer, mit komplexeren Werten zu arbeiten und diese vor allem im PHP-Code weiterzuverwenden. Weitere Details zu allen Möglichkeiten der XML-RPC-Klasse für PHP finden Sie in der HTML-Dokumentation des Pakets, die sich im Unterverzeichnis **doc** des Archivs befindet.

2.3 XML-RPC mit PEAR::XML_RPC

Die Skriptsprache Perl ist unter anderem wegen des CPAN bekannt. Das unter **http://cpan.perl.org/** verfügbare Comprehensive Perl Archive Network enthält über 5000 Perl-Module; ein Grund dafür, dass Perl oft spöttisch als die »Schweizer Kettensäge« der Skriptsprachen bezeichnet wird.

Stig Sæther Bakken, Mitglied der PHP Group, hob im November 1999 das PEAR-Projekt aus der Taufe. Pear ist das englische Wort für Birne, das Kürzel steht allerdings in diesem Kontext für **PHP Extension and Application Repository**. PEAR enthält eine Reihe von Erweiterungsmodulen für PHP, die alle einem bestimmten Code-Standard gehorchen müssen. Anfangs wurde das Projekt relativ zögerlich angenommen, später jedoch in den virtuellen Adelsstand erhoben und zusammen mit PHP ausgeliefert. Mittlerweile (Stand: Mitte September 2003) enthält PEAR über 200 Pakete. Das ist zwar nur ein Bruchteil der Masse an Perl-Paketen, allerdings lautet das PEAR-Prinzip »Klasse statt Masse« – jedes Paket muss in einem mühsamen Prozess genehmigt werden und wird von den PEAR-Entwicklern weiter beobachtet.

Bei den Anwendern und vor allem bei den Hostern ist PEAR noch nicht komplett angekommen, und es arbeiten auch noch nicht viele Entwickler aktiv an PEAR. Dafür gibt es einige historische Gründe. Die PEAR-Entwickler-Mailingliste ist für häufige Streitereien bekannt, einige Entwickler sind für Kritik überhaupt nicht empfänglich und/oder sind beratungsresistent. Peinlich war auch das Eigen-Marketing in Hinblick auf PEAR und Windows. Selbsternannte PEAR-Evangelisten haben bereitwillig erzählt, PEAR ließe sich unter Windows problemlos installieren und würde dort auch laufen, obwohl es zahlreiche konträre Nutzerberichte gab. Monate später folgte dann eine reumütige Presse-Erklärung, PEAR würde jetzt auch unter Windows problemlos laufen.

Dieses Buch könnte wohl allein mit PEAR-Anekdoten gefüllt werden, allerdings kehren wir besser zum Thema zurück: XML-RPC mit PEAR.

2.3.1 PEAR-Installation

Ein gewisses Problem ist teilweise immer noch die Installation von PEAR, weswegen sie an dieser Stelle explizit beschrieben wird. Bei aktuellen PHP-Versionen befindet sich ein Skript `go-pear` im PHP-Verzeichnis; wenn Sie es ausführen, starten Sie damit die PEAR-Installation. Falls es nicht vorhanden ist, können Sie das Installationsskript online beziehen. Unter Linux verwenden Sie dazu am besten den Textbrowser Lynx, um das Skript (das sich unter **http://go-pear.org/** befindet) herunterzuladen und auszuführen:

```
lynx -source http://go-pear.org/ | php
```

Unter Windows können Sie das Skript per Webbrowser holen, abspeichern und dann mit dem CLI-Modul von PHP ausführen. Geben Sie dazu im PHP-Verzeichnis folgendes Kommando ein:

```
cli\php go-pear
```

Am besten markieren Sie den kompletten Text im Browser und kopieren ihn via Zwischenablage in eine Datei **go-pear.php**. Sonst kann es Ihnen passieren, dass Sie HTML-Formatierungen in der Datei haben, weswegen diese dann natürlich nicht funktioniert.

Es gibt noch eine weitere Möglichkeit: Laden Sie das Skript **go-pear.php** herunter und rufen Sie es via Webserver im Webbrowser auf. Dann können Sie PEAR sogar mit einer grafischen Oberfläche installieren. Dazu benötigen Sie aber Schreibrechte in das Zielverzeichnis.

Wir beschreiben im Folgenden aber die kommandozeilenbasierte Installation, da diese gebräuchlicher ist. Nach dem Start des Installationsprogramms (wie gesagt, in PHP geschrieben) werden Sie begrüßt; das dient unter anderem dazu, Ihnen zu versichern, dass die Installation ordnungsgemäß gestartet ist (frühere Versionen kamen unter Windows unter Umständen nicht einmal so weit).

Danach wird es interessant: Sie erhalten eine Liste von Variablen, die auf bestimmte Verzeichnisse Ihrer bestehenden PHP- und Ihrer zukünftigen PEAR-Installation verweisen. Insbesondere unter Windows sollten Sie an dieser Stelle all diese Werte manuell setzen. Beispielsweise steht irgendwo in PHP der Pfad **c:\php4** hartkodiert, obwohl ja die PHP-Installationsanleitung selbst vom Verzeichnis **c:\php** spricht. Um zu verhindern, dass Teile von PEAR-Paketen in **c:\php4** abgelegt wer-

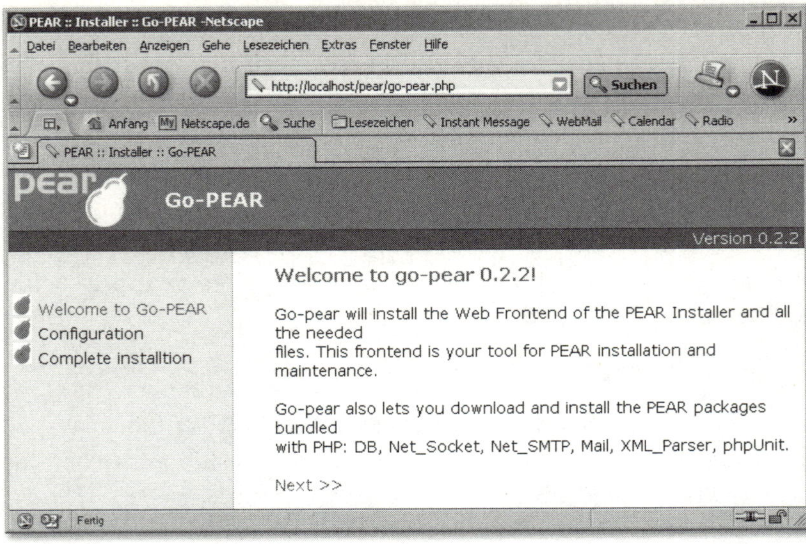

Abbildung 2.5 Der browserbasierte PEAR-Installer

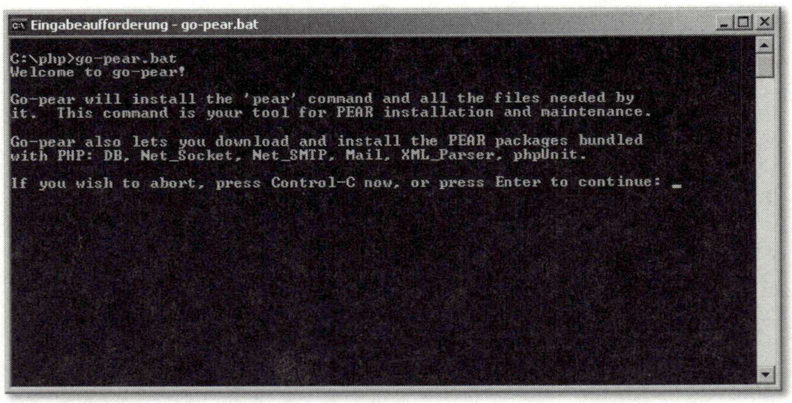

Abbildung 2.6 Die Installation beginnt.

den, sollten Sie an dieser Stelle `$php_dir` durch **c:\php** oder besser noch durch **c:\php\pear** ersetzen (siehe Abbildung 2.7). Dazu geben Sie die jeweilige Ziffer des Konfigurationswerts ein und können dann einen neuen Wert angeben.

Ein paar Fragen weiter (unter anderem, ob Sie die mitgelieferten Pakete mit installieren wollen – Empfehlung: ja!) startet auch schon die Installation. Die einzelnen Pakete werden aus dem Internet geladen und auf Ihrem System entpackt. Am Ende der Installation versucht **go-pear.php** noch festzustellen, ob der Pfad zu PEAR (z.B. **c:\php\pear**) in der PHP-

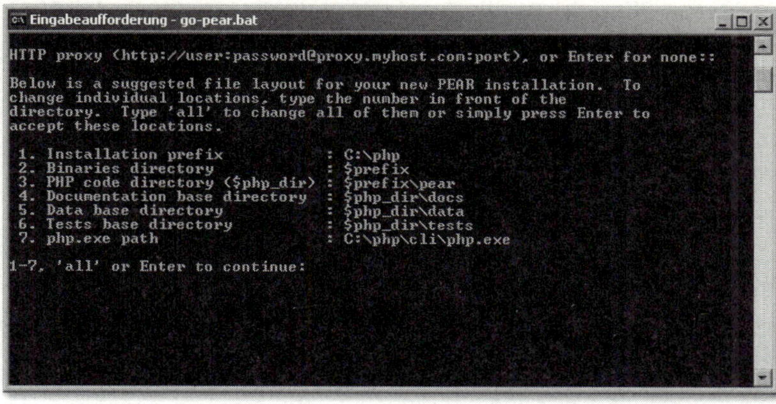

Abbildung 2.7 Die Installationsvariablen – unter Windows anpassen!

Konfigurationsvariablen `include_path` angegeben ist – dies ist notwendig, um PEAR zu verwenden. Auf Wunsch wird das vom Installationsprogramm für Sie erledigt. Prüfen Sie aber, ob der Installer die richtige **php.ini**-Datei erwischt hat; bei dem Testsystem aus Abbildung 2.8 ist dies misslungen (dort befindet sich die Datei in **d:\windows\php.ini**.

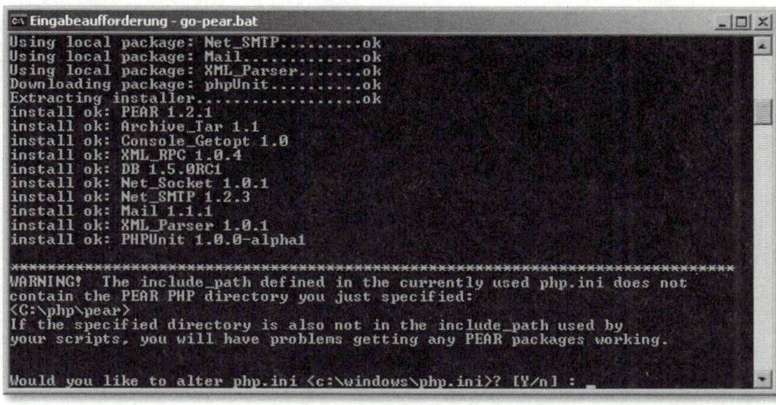

Abbildung 2.8 Der letzte Installationsschritt: `include_path` setzen

So weit, so gut: PEAR ist nun einsatzbereit! Doch was tun Sie, wenn Fehler bei der Installation aufgetreten sind oder wenn Ihr Hoster eben kein PEAR unterstützt? Nun, auch hier gibt es einen Ausweg. PEAR besteht aus mehreren Teilen, beispielsweise aus einer Paketverwaltung und natürlich auch dem Code selbst. Wenn Sie nur an Letzterem, den PEAR-Paketen nämlich, interessiert sind, benötigen Sie das Installationsprogramm gar nicht. Auf der Projekt-Homepage **http://pear.php.net/** finden Sie zu jedem PEAR-Paket den Quellcode als

.tar.gz-Archiv. Entpacken Sie den Code, und integrieren Sie ihn mit `require_once` in Ihre PHP-Skripten. Sie müssen nur darauf achten, dass Sie PEAR selbst auch auf Ihren Webserver packen, denn alle PEAR-Pakete verwenden Funktionalitäten aus der PEAR-Basisklasse.

Und nun: Zum XML_RPC-Paket. Dies bietet erfreulicherweise nicht viel Neues, denn es handelt sich um eine PEAR-Anpassung von der XML-RPC-Klasse von UserLand inc. Aufgrund der strengen Kontrolle der PEAR-Gruppe wird dieses Paket unabhängig weiterentwickelt und ist mitunter sogar aktueller als die Original-Version. Das kann sich jedoch ständig ändern.

Die Homepage des Pakets (das übrigens PEAR::XML_RPC genannt wird, so ist der PEAR-Standard) befindet sich unter **http://pear.php.org/XML_RPC**. Dort können Sie auch die aktuelle Version herunterladen, sofern bei Ihnen PEAR nicht »automatisch« funktioniert.

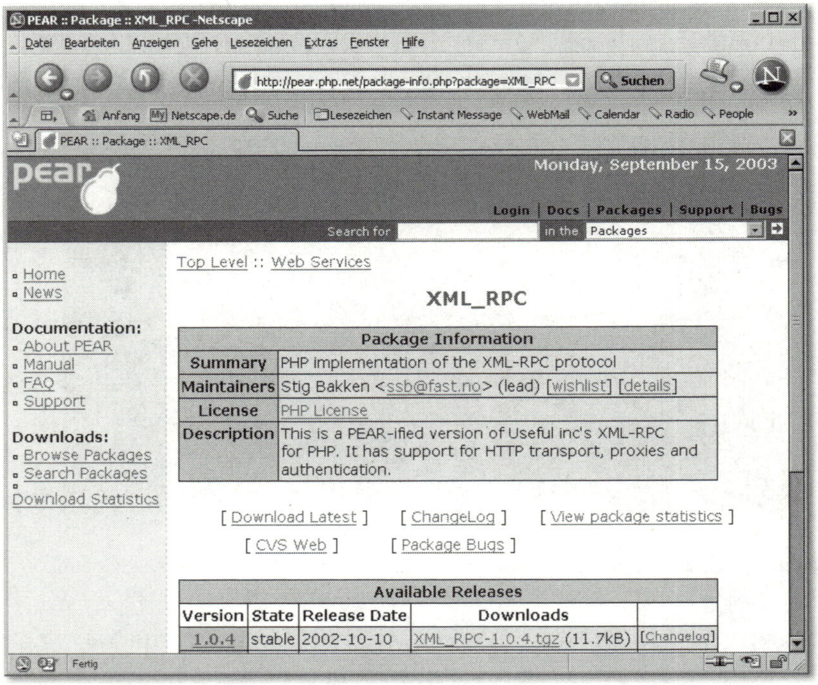

Abbildung 2.9 Die Projekt-Homepage von PEAR::XML_RPC

Bequemer ist es allerdings, PEAR selbst die Installation vornehmen zu lassen. Das geht entweder über den zuvor erwähnten Web-Installer oder über die Kommandozeile. In Ihrem PHP-Verzeichnis wurde vom PEAR-Installationsprogramm ein Skript namens `pear` angelegt. Das

Kommando `pear install Paketname` installiert ein Paket. In diesem Fall geht das also wie folgt:

```
pear install XML_RPC
```

Wenn Sie bei der PEAR-Installation angegeben haben, dass Sie die mitgelieferten Pakete mit installieren möchten, liegt XML_RPC schon auf Ihrem System vor, und Sie erhalten folgende Meldung:

```
XML_RPC already installed
```

Andernfalls wird das Paket geladen, entpackt und installiert.

2.3.2 PEAR::XML_RPC en detail

PEAR::XML-RPC besteht aus zwei Dateien: **XML/RPC.php** entspricht der Datei **xmlrpc.inc**, während **XML/RPC/Server.php** die PEAR-Anpassung von **xmlrpcs.inc** ist. Erfreulicherweise sind hier einige Bugs behoben, beispielsweise der erwähnte Bug mit dem Array bei der Signaturprüfung in der Serverklasse. Zwar gibt hier `verifySignature()` ebenfalls ein Array mit einem Element zurück, allerdings wird diesmal die Überprüfung dieses Rückgabewerts anders vorgenommen, so dass die PHP-Warnung vereitelt wird:

```
if ( (!isset($dmap[$methName]['signature'])) || $sr[0]) {
  ...
}
```

Geändert hat sich ansonsten nicht viel, lediglich die Namen von Objekten und Methoden wurden teilweise dem PEAR-Coding-Standard angepasst. Jedem Objekt ist beispielsweise der Klassenname vorne angefügt worden, außerdem wurden einige Namen ausgeschrieben. So heißt es jetzt etwa `XML_RPC_Value` statt `xmlrpcval`. Tabelle 2.3 zeigt, wie die Objektnamen verändert wurden.

Alt (XML-RPC für PHP)	Neu (PEAR::XML_RPC)
xmlrpc_client	XML_RPC_Client
xmlrpc_server	XML_RPC_Server
xmlrpcmsg	XML_RPC_Message
xmlrpcresp	XML_RPC_Response
xmlrpcval	XML_RPC_Value

Tabelle 2.3 Die Objektnamen in den beiden XML-RPC-Klassen

Außerdem wurden die Namen der globalen Konstanten geändert, was ebenfalls eine Auswirkung der PEAR-Guidelines ist:

```
$GLOBALS['XML_RPC_I4']="i4";
$GLOBALS['XML_RPC_Int']="int";
$GLOBALS['XML_RPC_Boolean']="boolean";
$GLOBALS['XML_RPC_Double']="double";
$GLOBALS['XML_RPC_String']="string";
$GLOBALS['XML_RPC_DateTime']="dateTime.iso8601";
$GLOBALS['XML_RPC_Base64']="base64";
$GLOBALS['XML_RPC_Array']="array";
$GLOBALS['XML_RPC_Struct']="struct";
...
$GLOBALS['XML_RPC_erruser']=800;
```

Einige Methodennamen wurden ebenfalls angepasst, aber keine der zuvor verwendeten. Allgemein kann gesagt werden, dass bei Methoden mit mehreren Namensbestandteilen der zweite Namensbestandteil mit einem Großbuchstaben beginnt, beispielsweise `addScalar()`. Allerdings wurden hier `scalarval()` und `scalartyp()` außen vor gelassen.

Um nun ein bestehendes Skript an PEAR::XML_RPC anzupassen, gehen Sie wie folgt vor:

- Beim Server binden Sie die Datei **XML/RPC/Server.php** ein (**XML/RPC.php** wird von dieser Klasse automatisch geladen) und passen die Klassen-, Methoden- und Konstantennamen an.
- Beim Client binden Sie die Datei **XML/RPC.php** ein und passen den Rest des Skripts wie oben erwähnt an.

Hier sehen Sie die angepasste Variante des XML-RPC-Servers von vorhin; Änderungen sind wie immer in halbfetter Schrift hervorgehoben:

```
<?php
require_once "XML/RPC/Server.php";

function uhrzeit($params) {
   $param = $params->getParam(0);
   if (isset($param)) {
      if ($param->scalartyp() == "string") {
         $p = $param->scalarval();
         $wert = new XML_RPC_Value(date($p), "string");
```

```
            return new XML_RPC_Response($wert);
        } else {
            global $XML_RPC_erruser;
            $wert = new XML_RPC_Response(0,
                                          $XML_RPC_erruser,
                                          "Falscher Parameter");
            return $wert;
        }
    } else {
            $wert = new XML_RPC_Value(date("H:i"), "string");
            return new XML_RPC_Response($wert);
    }
}

$beschreibung = "Liefert die <i>atomgenaue</i> Uhrzeit";
$signatur = array(
   array("string"),
   array("string", "string")
);

$xmlrpc = new XML_RPC_Server(
   array("hauserwenz.uhrzeit" =>
      array(
         "function" => "uhrzeit",
         "docstring" => $beschreibung,
         "signature" => $signatur
      )
   )
);
?>
```

Listing 2.6 Die PEAR-Variante des Servers (xmlrpcserverpear.php)

Und hier sehen Sie das Pendant des XML-RPC-Clients:

```
<html>
<head>
<title>XML-RPC</title>
</head>
<body>
<?php
```

```
$param = "H:i";

if (isset($_POST["param"])) {
   $param = $_POST["param"];
   require_once "XML/RPC.php";

   $xmlrpc = new XML_RPC_Client(
      "/ws/xmlrpcserverpear.php",
      "localhost",
      80
   );

   $msg = new XML_RPC_Message(
      "hauserwenz.uhrzeit",
      array(new XML_RPC_Value($param, "string"))
   );

   $antwort = $xmlrpc->send($msg);
   $ergebnis = $antwort->value();
   if ($antwort->faultCode()) {
      print "Fehler " . $antwort->faultCode() . " (" .
         htmlspecialchars($antwort->faultString()) . ")";
   } else {
      print "Atomzeit: " . $ergebnis->scalarval();
   }
   print "<pre>" . htmlspecialchars($antwort-
>serialize()) . "</pre>";
}
?>
<form method="post">
<input type="text" name="param"
 value="<?=htmlspecialchars($param)?>" />
<input type="submit" value="Web Service aufrufen" />
</form>
</body>
</html>
```
Listing 2.7 Die PEAR-Variante des Clients (xmlrpcclientpear.php)

Es gibt also durchaus Gründe, wieso XML_RPC nicht so weit verbreitet ist, wie das einige Aktivisten gern hätten. Unter anderem könnte das daran liegen, dass die XML-RPC-Klasse noch einige Fehler aufweist, die noch nicht behoben sind, obwohl Korrekturen auf Sourceforge.net zur Verfügung stehen. Das PEAR-Paket ist in einem besseren Zustand; Bugs werden recht schnell korrigiert. Allerdings ist PEAR immer noch nicht so weit verbreitet, wie es das eigentlich verdient hätte.

Auch an dieser Stelle gilt: Weitere Informationen zum Standard XML-RPC allgemeiner Natur finden Sie in dem Buch »Web Services – Die Standards«.

3 SOAP

3 SOAP

Seife und Bildung wirken nicht so prompt wie ein Massaker, auf lange Sicht aber viel verheerender.
– Mark Twain

Wann immer von Web Services die Rede ist, wird unisono der Begriff »SOAP« genannt. Ein weiteres Kürzel, das allerdings nur bedingt ein Akronym ist. SOAP stand ursprünglich für »Simple Object Access Protocol«, doch dieser Name war aus zwei Gründen Anlass für viel Spott:

- Von »simple« (einfach) kann bei dem Standard eine Rede sein.
- Mit »Object Access« (Objektzugriff) hat das Protokoll wenig zu tun.

SOAP ist ein Protokoll zur Übermittlung von XML-Nachrichten, es handelt sich um eine Weiterführung des Konzepts, das Microsoft mit XML-RPC verfolgt hat. Im Gegensatz zu XML-RPC war allerdings Microsoft bei SOAP federführend, auch wenn Dave Winter (der UserLand-Chef und Hauptentwickler von XML-RPC) als Mitarbeiter genannt wird. Dies dürfte unter anderem daran liegen, dass es bei SOAP zwei verschiedene Modi zur Datenübertragung gibt:

- Mit RPC kodiertes SOAP überträgt – wie bei XML-RPC – einen Methodenaufruf.
- Der Kodierungstyp `document/literal` übermittelt eine Nachricht.

> Allerdings steht `document/literal` nicht in der Spezifikation, sondern ist eine Microsoft-Erfindung. Nähere Informationen hierzu erfahren Sie in dem Buch »Web Services – Die Standards«, das ebenfalls bei Galileo in der »Web Services«-Reihe erschienen ist.

Aber zunächst zur Geschichte des Formats. Die Firma Microsoft, die ja auch (unter der Hand) an der Entwicklung von XML-RPC beteiligt war, leitete davon das SOAP-Format ab. Damit sollten einige der Beschränkungen von XML-RPC überwunden werden. Dies stieß bei Dave Winter nicht unbedingt auf große Gegenliebe, sah er doch in XML-RPC eine wirklich »simple« und leichtgewichtige Alternative.

Im Bestreben, einen möglichst weit verbreiteten Standard zu schaffen, unter Umständen auch mit der (stark mit Web Service arbeitenden) .NET-Strategie im Hinterkopf, holte sich Microsoft namhafte weitere Firmen mit ins Boot, unter anderem Compaq, HP, IBM und SAP. Im

April 2000 wurde SOAP in der Version 1.1 beim W3C eingereicht und im Folgemonat zur »Note« ernannt. Diesen Status hat die Version 1.1 immer noch. Sie ist unter **http://www.w3.org/TR/SOAP/** verfügbar. Die Verabschiedung als Standard sollte SOAP erst in Version 1.2 erhalten, auf die das W3C die XML-Protocol-Arbeitsgruppe angesetzt hat. Im Juni 2003 war es schließlich so weit; SOAP 1.2 wurde in drei Teilen zur Recommendation erhoben:

- Der »Primer« (Part 0) hat keinen normativen Charakter (**http://www.w3.org/TR/soap12-part0/**). Er enthält einen Überblick über die Funktionsweise von SOAP.
- Das »Messaging Framework« (Part 1) erläutert den Aufbau und die Funktionsweise einer SOAP-Nachricht (**http://www.w3.org/TR/soap12-part1/**).
- »Adjuncts« (Part 2) ist ein Anhang mit Definitionen wie etwa des SOAP-Encoding (**http://www.w3.org/TR/soap12-part2/**).

Seit Version 1.2 ist SOAP auch kein Akronym mehr; wie zuvor bereits ausgeführt, war das ja bereits seit der ersten Version unpassend. Nun aber steht SOAP für ... SOAP. Es ist also ein eigenständiger Begriff geworden und hat nun auch offiziell nichts mehr mit Seife oder simplem Objektzugriff zu tun.

> Durch den Einsatz der XML-Protocol-Arbeitsgruppe taucht in der SOAP-Spezifikation ein Firmenname auf, der bei Version 1.1 noch auffällig gefehlt hatte. Die Rede ist von Sun Microsystems, einer Firma, die mit Microsoft wohl nicht zusammenarbeiten wollte, dennoch aber selbst Web-Services-Lösungen im Angebot hat (**http://java.sun.com/webservices/**).

Obwohl SOAP 1.2 mittelfristig die beherrschende Version des SOAP-Standards ist, unterstützen die meisten Implementierungen zurzeit nur Version 1.1. Das Ziel dieses auf PHP ausgerichteten Werks ist es aber, dass dem gesamten Protokoll-Hintergrund nebst Versionsunterschieden eher eine sekundäre Bedeutung zukommt (dafür gibt es »Web Services – Die Standards«), es geht uns hier zwar ums Implementieren, aber eben auch darum, wie PHP Ihnen die Arbeit abnehmen kann.

Genauso wie XML-RPC kann auch SOAP über HTTP laufen. Das Wort »kann« ist hier bewusst gewählt: Zwar wird in der SOAP-Spezifikation »HTTP« des Öfteren genannt, allerdings sind auch andere Übertragungsprotokolle möglich. Ein Beispiel hierfür ist das SMTP-Protokoll.

Das führt dann zwar zu einem asynchronen SOAP-Aufruf[1], aber zeigt, dass es eben nicht zwingend HTTP sein muss.

Unbestritten ist, dass HTTP natürlich besondere Vorteile mit sich bringt. Die meisten Firewalls lassen HTTP-Datenverkehr unbehindert durch, so dass im Internet gesurft werden kann und/oder Daten von einem Webserver angeboten werden können. Damit haben die Web Services also freie Fahrt, zumindest in der Theorie. In der Praxis sieht es mittlerweile so aus, dass die Hersteller von Firewalls daran arbeiten, auf Wunsch SOAP-Datenverkehr herauszufiltern und zu blockieren. Ein weiterer Vorteil von HTTP ist, dass HTTP-Codes sowie Anfrage und Antwort innerhalb einer Verbindung verwendet werden können.

3.1 SOAP en detail

Bei der Erklärung des SOAP-Formats wird häufig die Analogie eines Briefs verwendet. Dies zeigt sich bereits daran, dass eine SOAP-Nachricht aus den folgenden drei Bestandteilen besteht:

- **Envelope:** Der Umschlag, der die beiden anderen SOAP-Bestandteile enthält
- **Header:** Der Kopfteil der Nachricht, optional
- **Body:** Der eigentliche Inhalt der SOAP-Nachricht

3.1.1 Ein Beispiel

Werfen wir zunächst einen Blick auf eine exemplarische SOAP-Nachricht, die per HTTP übermittelt wird:

```
POST /Ausgabe/ausgabe.php HTTP/1.1
Host: localhost
Content-Type: text/xml; charset=utf-8
Content-Length: 395
SOAPAction: "http://web-services.cc/hallowelt/ausgeben"

<?xml version="1.0" encoding="utf-8"?>
<soap:Envelope xmlns:xsi="http://www.w3.org/2001/XMLSchema-
instance" xmlns:xsd="http://www.w3.org/2001/
XMLSchema" xmlns:soap="http://schemas.xmlsoap.org/soap/
```

1 Im Gegensatz zu HTTP, wo bei der Antwort auf eine HTTP-Anfrage das »Ergebnis« des Web Service zurückgegeben werden kann.

```
envelope/">
   <soap:Header>
   </soap:Header>
   <soap:Body>
      <ausgeben xmlns="http://web-services.de/hallowelt">
         <text>Welt</text>
      </ausgeben>
   </soap:Body>
</soap:Envelope>
```

Listing 3.1 Eine einfache SOAP-Nachricht

Wir analysieren im Folgenden diese Nachricht Schritt für Schritt. Zunächst sehen wir uns den HTTP-Header an, der allgemeine Informationen über die Anfrage enthält: Welche URL wird aufgerufen, wie viele Zeichen hat die Nachricht und vor allem: Welcher SOAP-Web-Service[2] soll verwendet werden (`SOAPAction`)[3].

```
POST /Ausgabe/ausgabe.php HTTP/1.1
Host: localhost
Content-Type: text/xml; charset=utf-8
Content-Length: 395
SOAPAction: "http://web-services.cc/hallowelt/ausgeben"
```

Als Nächstes beginnt die eigentliche Nachricht. SOAP ist ein XML-Format, also beginnt die Übertragung mit einem XML-Header, dann folgt der SOAP-Envelope. In diesem werden unter anderem die verwendeten Namespaces für das Schema und SOAP eingebunden:

```
<?xml version="1.0" encoding="utf-8"?>
<soap:Envelope xmlns:xsi="http://www.w3.org/2001/XMLSchema-
instance" xmlns:xsd="http://www.w3.org/2001/
XMLSchema" xmlns:soap="http://schemas.xmlsoap.org/soap/
envelope/">
```

Es folgt der Header – aber auch nicht immer. Er enthält meist ohnehin keine wichtigen Informationen und wird häufig weggelassen. In unserem Beispiel ist er leer:

```
   <soap:Header>
   </soap:Header>
```

2 Genauer: Die URI des Web Service ist hier angegeben.

3 Genauer: Zu `SOAPAction` steht in der Spezifikation, dass der Server diesen Wert interpretieren kann, ihn aber nicht interpretieren muss. Es hängt hier wieder einmal stark von der Implementierung ab. In SOAP 1.2 gibt es `SOAPAction` so nicht mehr.

Ein sinnvoller Einsatzzweck für den SOAP-Header besteht darin, dort Authentifizierungsinformationen unterzubringen.

Abschließend folgt der Body-Bereich mit dem eigentlichen Inhalt. Dieser Teil ist Pflicht. Im Beispiel wird der fiktive Web Service ausgeben aufgerufen, der sich innerhalb des Namespaces **http://web-services.cc/hallowelt** befindet. Als Parameter wird <text> angegeben.

```
  <soap:Body>
    <ausgeben xmlns="http://web-services.de/hallowelt">
      <text>Welt</text>
    </ausgeben>
  </soap:Body>
</soap:Envelope>
```

Namespaces sind dazu da, dass dieselben Bezeichner mehrfach, aber trotzdem unterscheidbar verwendet werden können. Stellen Sie sich vor, dass es unter den vielen (fiktiven) Web Services mehrere Funktionen mit dem Namen ausgeben gibt, die aber Verschiedenes tun. Durch die Verwendung von Namespaces ist es möglich, diese verschiedenen Versionen von ausgeben jeweils dem richtigen Web Service zuzuordnen. Unter **http://www.w3.org/TR/REC-xml-names/** stellt das W3C weitere, allgemeine Informationen zu Namespaces zur Verfügung.

Die Antwort des Web Service ist ebenfalls SOAP, in Form von XML:

```
HTTP/1.1 200 OK
Content-Type: text/xml; charset=utf-8
Content-Length: 500

<?xml version="1.0" encoding="utf-8"?>
<soap:Envelope xmlns:xsi="http://www.w3.org/2001/XMLSchema-
instance" xmlns:xsd="http://www.w3.org/2001/
XMLSchema" xmlns:soap="http://schemas.xmlsoap.org/soap/
envelope/">
  <soap:Body>
    <ausgebenResponse xmlns="http://web-services.de/
hallowelt">
      <ausgebenResult>
        <Ausgabe>Welt</Ausgabe>
      </ausgebenResult>
```

```
    </ausgebenResponse>
  </soap:Body>
</soap:Envelope>
```

3.1.2 Kodierung

Ein weiterer Punkt, der in der Vergangenheit für viele Diskussionen gesorgt hat, sind die verschiedenen Kodierungsarten für SOAP. Über die Kodierungsart wissen Absender und Empfänger, auf welche Art und Weise die Daten im Web Service übertragen werden. Es gibt in der Praxis zwei verschiedene Ansätze:

- `rpc/encoded`: Der Aufruf des Web Service wird per RPC kodiert, wie Sie das bereits im letzten Kapitel kennen gelernt haben.
- `document/literal`: Diese Microsoft-Erfindung verwendet keine »Verschlüsselung« (Encoding). Die Daten werden einfach serialisiert in der Nachricht übertragen.

Trotz aller Vorzüge von XML-RPC, beispielsweise der Einfachheit, rüsteten nach einiger Zeit viele Web-Service-Implementationen auch `document/literal` nach. Einer der Hauptgründe dafür ist, dass mit `rpc/encoded` nur eine Anfrage und die zugehörige Antwort ausgetauscht werden können, nicht jedoch einfache Nachrichten übermittelt werden können (es gibt also keine asynchrone Kommunikation).

3.1.3 Fehler

Ähnlich wie auch XML-RPC bietet SOAP eine Fehlerbehandlung an. Tritt bei einem SOAP-Aufruf ein Fehler auf, wird ein `<Fault>`-Element vom Web Service zurückgeliefert:

```
<soap:Fault>
<faultcode xsi:type="xsd:QName">soap:Client</faultcode>
<faultstring xsi:type="xsd:string">Ein Fehler ist aufgetret
en</faultstring>
</soap:Fault>
```

Innerhalb von `<faultstring>` wird die Fehlermeldung ausgegeben, allerdings nicht standardisiert. Das Element `<faultstring>` kann von Implementierung zu Implementierung anders aussehen. Das Element `<faultcode>` enthält den Fehlertyp mit den folgenden Möglichkeiten:

- `Client`: Fehler im SOAP-Client (normalerweise das Skript des Service-Konsumenten). Beispiel: Unbekannte Methode.

- `MustUnderstand`: Ein Element im Header mit dem Attribut `mustUnderstand="true"` wird nicht verstanden.
- `Server`: Fehler im SOAP-Server. Beispiel: Ungültiger Parameter oder Fehler im Skript.
- `VersionMismatch`: Falsche SOAP-Version.

> Dies bezieht sich auf Version 1.1, in Version 1.2 sind weitere Details für Fehlermeldungen hinzugekommen.

3.1.4 SOAP-Implementierungen für PHP

Nach diesem, eher theoretischen Vorgeplänkel werfen wir nun einen Blick auf tatsächlichen Code. Für PHP gibt es eine ganze Reihe von SOAP-Implementierungen:

- **SOAPx4**: Die »Urklasse« der PHP-SOAP-Implementierungen. Bildet die Basis für einige andere PHP-SOAP-Klassen.
- **NuSOAP (http://dietrich.ganx4.com/nusoap/)**: Die aktuelle Version von SOAPx4. Sie wird von Dietrich Ayala weiterentwickelt. Der Name »NuSOAP« kommt daher, dass die Firma NuSphere (unter anderem Entwickler des PHP-Editors PHPEd) die Entwicklung sponsert.
- **PEAR::SOAP (http://pear.php.net/package/SOAP)**: Die PEAR-Variante von SOAP, entwickelt von Shane Caraveo und Arnaud Limbourg. Sie ist allerdings auch eine Weiterentwicklung von SOAPx4.
- **eZ SOAP (http://www.ez.no/developer/ez_publish_3/documentation/development/kernel/ez_soap_web_services_overview)**: Die SOAP-Implementierung für das Open-Source-CMS eZ Publish **(http://www.ez.no/developer/ez_publish_3).**
- **PHP-SOAP (http://phpsoaptoolkit.sourceforge.net/phpsoap)**: Eine C-basierte PHP-Erweiterung – ein heisser Kandidat für die offizielle PHP-SOAP-Erweiterung.
- **Simple Web Services API/SWSAPI (http://aspn.activestate.com/ASPN/WebServices/SWSAPI)**: Eine einfache API für Web Services, ebenfalls auf Basis von SOAPx4. Bemerkenswert ist, dass diese API nicht nur für PHP, sondern auch für Perl und Python zur Verfügung steht.
- **Krysalis (http://www.interakt.ro/products/Krysalis/)**: Ein Framework für Web Services auf Basis von XSLT.

Eine recht lange Liste also. In der Praxis allerdings reduziert sich das Angebot auf lediglich zwei Vertreter. SOAPx4 und NuSOAP sind ein- und dasselbe Produkt und haben den Vorteil, dass man sie sehr einfach einsetzen kann – der gesamte Code befindet sich im Wesentlichen in einer PHP-Datei[4], die per `include`, `require` oder `require_once` eingebunden werden kann. Das letzte »offizielle« Update von NuSOAP wurde allerdings bereits im November 2002 durchgeführt (Version 0.64). Jedoch werden im CVS (Web-Zugriff unter **http://cvs.sourceforge.net/cgi-bin/viewcvs.cgi/nusoap/lib/**) regelmäßig Neuerungen durchgeführt. Für weniger versierte Benutzer wären jedoch häufigere neue Versionen wünschenswert.

PEAR::SOAP wird zurzeit wohl am aktivsten entwickelt und ist auch das beliebteste SOAP-Paket. Obwohl es sich auch an SOAPx4 orientiert hat, gibt es im Vergleich zu NuSOAP einige Unterschiede in der Anwendung, die im Folgenden erläutert werden.

Die beiden restlichen Pakete führen zurzeit noch ein Nischendasein: eZ SOAP ist vor allem für Anwender von eZ Publish interessant, als Stand-Alone-Skript allerdings wenig im Einsatz. PHP-SOAP gilt als klein und schnell, allerdings noch nicht sehr stabil. Viel schwerer wiegt jedoch eine andere Tatsache. Das Projekt hat bis jetzt (Stand: Anfang Oktober 2003) nur zwei Versionen veröffentlicht: Version 0.1 Ende April 2002 und Version 0.1.1 Anfang Mai 2002, seitdem nichts mehr. SWSAPI ist ein interessantes Produkt, allerdings arbeitet der Hauptentwickler von PEAR::SOAP, Shane Caraveo, für ActiveState, den Entwickler von SWSAPI. Deswegen lohnt es sich, gleich direkt auf PEAR::SOAP zu setzen. Krysalis hat wie eZ Publish das »Problem«, dass die Web-Service-Implementierung nur ein kleiner Teil des gesamten Pakets ist, weswegen sich der Einsatz nur lohnt, wenn man auch den Rest der Software einsetzt; es ist also ein Nischenprodukt.

Aus diesem Grund setzen wir den Schwerpunkt auf die Verwendung von NuSOAP und PEAR::SOAP.

3.2 Web Services mit NuSOAP

Wie beginnen mit der Vorstellung von NuSOAP, das in der Version 0.64 vorlag, als dieses Buch in Druck ging. Wie bereits erläutert, stehen im

4 Ursprünglich waren es mehrere einzelne Dateien, die aber inzwischen zu einer einzigen zusammengefasst worden sind. Im CVS von NuSOAP befinden sich aber auch noch die einzelnen Klassen; Sie benötigen jedoch immer nur die Datei **nusoap.php**.

CVS aktuellere Versionen zur Verfügung, aber aus Gründen der Vergleichbarkeit werden nur tatsächlich veröffentlichte Versionen betrachtet.

3.2.1 Download und Installation

Der direkte Download-Link ist **http://dietrich.ganx4.com/download.php?url=/nusoap/downloads/nusoap-0.6.4.zip**, möglicherweise gibt es bereits eine neue Version, wenn Sie dieses Buch in den Händen halten.

> Die Klasse selbst enthält allerdings ausschließlich die Versionsnummer 0.6.3, dies haben die Entwickler offenbar vergessen anzupassen.

Das Archiv enthält neben einer kurzen Informationsdatei und dem Text der verwendeten Lizenz, der LGPL, das eigentliche Kernstück: die über 130 KB »starke« `nusoap.php`. Diese Datei muss nur noch eingebunden werden, und schon steht die gesamte Funktionalität zur Verfügung:

```
require_once "nusoap.php";
```

> Wenn alle Skripten, die NuSOAP verwenden, in ein- und demselben Verzeichnis liegen, können Sie die **nusoap.php** ebenfalls dort ablegen. Ansonsten empfiehlt es sich, die Datei in einem Verzeichnis zu platzieren, auf das die PHP-Konfigurationsvariable `include_path` zeigt. Oder Sie verwenden bei `include/require/require_once` den relativen (oder gar absoluten) Pfad.

3.2.2 Web Service erstellen

Die Erstellung eines Web Service geschieht in mehreren Schritten. Zunächst einmal muss die Datei **nusoap.php** eingebunden werden:

```
<?php
require_once "nusoap.php";
```

Dann benötigen Sie ein Objekt vom Typ `soap_server`:

```
$soap = new soap_server;
```

Mit der Methode `register()` registrieren Sie eine PHP-Funktion beim SOAP-Server: Diese Methode kann dann per Web Service aufgerufen werden.

```
$soap->register("jetzt");
```

Im vorletzten Schritt müssen Sie noch dafür sorgen, dass die Daten, die per POST an das PHP-Skript geschickt werden, auch durch den neu erstellten SOAP-Server abgearbeitet werden:

```
$soap->service($HTTP_RAW_POST_DATA);
```

Das war es auch schon – fast. Das Einzige, was noch fehlt, ist die zuvor registrierte Funktion `jetzt()`:

```
function jetzt() {
   return date("H:i");
}
?>
```

Achten Sie darauf, dass danach vom Service keine unerwünschten Zeichen mehr ausgegeben werden, schreiben Sie also nichts nach `?>`. Ein Trick ist hier, die Skriptausführung mit `exit()` zu beenden.

Hier sehen Sie den kompletten Code für dieses Beispiel:

```
<?php
require_once "nusoap.php";

$soap = new soap_server;
$soap->register("jetzt");
$soap->service($HTTP_RAW_POST_DATA);

function jetzt() {
   return date("H:i");
}
?>
```

Listing 3.2 Der erste NuSOAP-Web-Service (nusoap-server1.php)

Wenn Sie dieses Skript im Webbrowser aufrufen, erhalten Sie keineswegs eine neue Seite, sondern – natürlich – eine Fehlermeldung[5]; Sie haben ja keine Methoden angegeben, die Sie per SOAP aufrufen wollten. Sie erkennen in der Ausgabe die zuvor besprochenen Elemente `<Fault>`, `<faultcode>` und `<faultstring>` (das Element `<faultactor>` gibt Hinweise darauf, welches Element den Fehler verursacht hat).

5 Allerdings nur mit deaktivierten Notices (`error_reporting = E_ALL ^ E_NOTICE` in der **php.ini**).

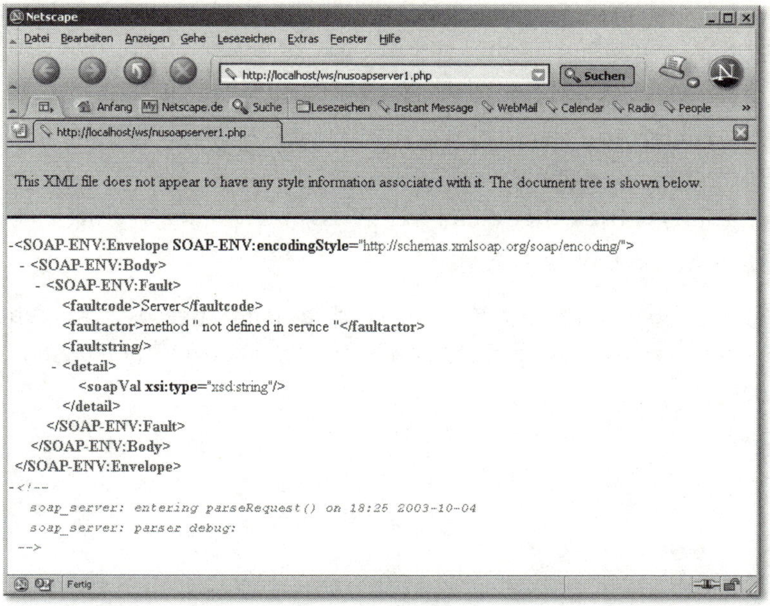

Abbildung 3.1 Die Ausgabe des Web Service bei einem »nackten« Aufruf

Sie sehen an dieser Stelle einen Unterschied zu dem zuvor gezeigten SOAP-Code: Anstelle von `<soap:xxx>` sind die Elemente mit `<SOAP-ENV:xxx>` gekennzeichnet. Das liegt daran, dass dieses Präfix nicht standardisiert ist, es muss nur definiert werden (`xmlns:soap="http://schemas.xmlsoap.org/soap/envelope/"` oder `xmlns:SOAP-ENV="http://schemas.xmlsoap.org/soap/envelope/"` im SOAP-Envelope).

Parameter

Natürlich ist es möglich, Parameter beim Aufruf des Web Service zu verwenden; diese werden in PHP wie gehabt angegeben. Hier sehen Sie eine modifizierte Version des Skripts, die Änderungen sind in halbfetter Schrift hervorgehoben:

```
function jetzt($format) {
   return date($format);
}
```

Fehler

Interessant ist hier natürlich, was passiert, wenn kein Parameter angegeben wird. Dieser Fall sollte abgefangen werden. Wenn kein Parameter angegeben wird, soll ein SOAP-Fehler ausgegeben werden. Dazu müssen Sie ein Objekt vom Typ `soap_fault` zurückgeben; der Konstruktor erwartet drei Parameter:

- den **Fehlertyp** (also `Client`, `MustUnderstand`, `Server` oder `VersionMismatch`) als String
- den **Fehlerverursacher** (kann leer gelassen werden) als String
- eine **Fehlermeldung** als String

Damit kann das vorherige Beispiel entsprechend angepasst werden. Hier sehen Sie die neue Version mit halbfett gekennzeichneten Änderungen:

```
<?php
require_once "nusoap.php";

$soap = new soap_server;
$soap->register("jetzt");
$soap->service($HTTP_RAW_POST_DATA);

function jetzt($format) {
   if ($format == null || trim($format) == "") {
      return new soap_fault(
         "Client",
         "",
         "Datumsformat nicht angegeben!"
      );
   } else {
      return date($format);
   }
}
?>
```

Listing 3.3 Der Web Service mit Fehlerbehandlung (nusoap-server2.php)

Die Abfrage, ob ein Parameter nicht gesetzt wird, muss unbedingt `trim($format)` auf eine leere Zeichenkette hin überprüfen, nicht nur `$format` allein. Das hat folgenden Grund: Wenn Sie keinen Parameter übergeben, machen manche Implementierungen daraus einen Zeilensprung – NuSOAP leider auch.

Datentypen

Normalerweise kümmert sich NuSoap automatisch um die zu verwendenden Datentypen. Allerdings können Sie auch selbst Hand anlegen. Anstatt also einfach einen String zurückzugeben, können Sie ihn mit dem `soap_value`-Objekt erstellen. Der Konstruktor erwartet sechs Parameter, aber jeder von ihnen hat einen Standardwert, falls er ausgelassen wird:

- Name der Variablen
- Typ der Variablen (entweder einer der Standardtypen oder ein selbst definierter)
- Wert der Variablen
- Der verwendete Namespace des Wertes, sofern vorhanden
- Der verwendete Namespace des Typs, sofern vorhanden
- Attribute, die bei der Serialisierung des Werts hinzugefügt werden sollen (als assoziatives Array)

Das klingt reichlich kompliziert und aufwändig, stellt sich aber als recht einfach heraus. Hier folgt eine leicht angepasste Version der zuvor erstellten Methode; diesmal wird die Uhrzeit als SOAP-String zurückgegeben:

```
function jetzt($format) {
   if ($format == null || trim($format) == "") {
      return new soap_fault(
         "Client",
         "",
         "Datumsformat nicht angegeben!"
      );
   } else {
      return new soapval("", "string", date("H:i"));
   }
```

Einen besonderen Namen braucht der Rückgabewert nicht, entscheidend ist nur der Typ ("`string`") sowie natürlich der Wert.

Etwas komplizierter ist es, wenn Sie einen selbst definierten Datentyp zurückgeben möchten. Hier sollten Sie auf jeden Fall den Namespace für den Typ angeben, damit der Empfänger mit dem Datentyp auch klarkommt. Hier ein Beispiel: Anstelle der Uhrzeit werden – in Anlehnung an das vorherige Kapitel – zwei Werte zurückgegeben, nämlich die Uhrzeit im Format `hh:mm` sowie der Epoche-Wert. Hier wird das Array definiert:

```
$uhrzeit = array(
   "Uhrzeit hh:mm" => date("H:i"),
   "Epoche" => time()
);
```

Der SOAP-Wert, der zurückgegeben werden soll, wird dann wie folgt erzeugt:

```
$wert = new soapval(
   "AktuelleUhrzeit",
   "uhrzeit",
   $uhrzeit,
   "",
   "http://web-services.cc/hallowelt"
);
```

Das folgende Listing zeigt den kompletten Code für dieses Beispiel:

```
<?php
require_once "nusoap.php";

$soap = new soap_server;
$soap->register("jetzt");
$soap->service($HTTP_RAW_POST_DATA);

function jetzt() {
   $uhrzeit = array(
      "Uhrzeit hh:mm" => date("H:i"),
      "Epoche" => time()
   );
   return new soapval(
      "AktuelleUhrzeit",
      "uhrzeit",
      $uhrzeit,
      "",
      "http://web-services.cc/hallowelt"
   );
}
?>
```

Listing 3.4 Ein Web Service mit eigenem Rückgabetyp (nusoapserver3.php)[6]

6 Achtung, weiter unten wird dieser Code noch leicht modifiziert!

Beim Testen ist die Methode `serialize()` sehr nützlich. Wenn Sie beispielsweise, wie oben gezeigt, einen entsprechenden eigenen SOAP-Typ erstellen und sich das serialisierte Ergebnis ausgeben lassen, erhalten Sie folgendes Ergebnis (leicht umformatiert):

```
<AktuelleUhrzeit
   xmlns:ns3639="http://web-services.cc/hallowelt"
   xsi:type="ns3639:uhrzeit">
   <Uhrzeit hh:mm xsi:type="xsd:string">11:42</
Uhrzeit hh:mm>
   <Epoche xsi:type="xsd:int">1065295902</Epoche>
</AktuelleUhrzeit>
```

Sie sehen hier schon, wie viel Arbeit Ihnen die Klasse bereits abnimmt – ein Unding, wenn Sie das von Hand hätten erledigen müssen. Andererseits ist das natürlich ein weiterer Grund dafür, wieso die Klasse so komplex ist.

Sie sehen hier allerdings auch einen (absichtlich herbei geführten) Fehler: Das Leerzeichen im Namen des Elements ist natürlich ungültig und führt dann zu einer ungültigen XML-Ausgabe. Aus diesem Grund ersetzen wir im Code die Bezeichnung »`Uhrzeit hh:mm`« durch »`UhrzeitHHMM`«.

3.2.3 Web Service konsumieren

Ist ein Web Service erst einmal erstellt, ist die Abfrage mit wenigen Befehlen machbar. Es beginnt wie immer: Die Datei **nusoap.php** wird eingebunden:

```
<?php
require_once "nusoap.php";
```

Dann müssen Sie ein Objekt vom Typ `soapclient` erzeugen. Als Parameter übergeben Sie die URL des PHP-Skripts:

```
$soap = new soapclient("http://localhost/ws/
nusoapserver1.php");
```

Beachten Sie die unterschiedliche Schreibweise: Es heißt `soapclient`, aber `soap_server`!

Die Methode `call()` ruft dann eine beliebige Funktion des Web Service auf. Der erste Parameter ist der Name der Web-Service-Funktion. Das Ergebnis des Aufrufs ist gleichzeitig der Rückgabewert und wird direkt ausgegeben:

```
print "Aktuelle Uhrzeit: " . $soap->call("jetzt");
?>
```

Hier noch einmal der komplette Code:

```
<?php
require_once "nusoap.php";
$soap = new soapclient("http://localhost/ws/
nusoapserver1.php");
print "Aktuelle Uhrzeit: " . $soap->call("jetzt");
?>
```

Listing 3.5 Aufruf des Simpel-Service (nusoapclient1.php)

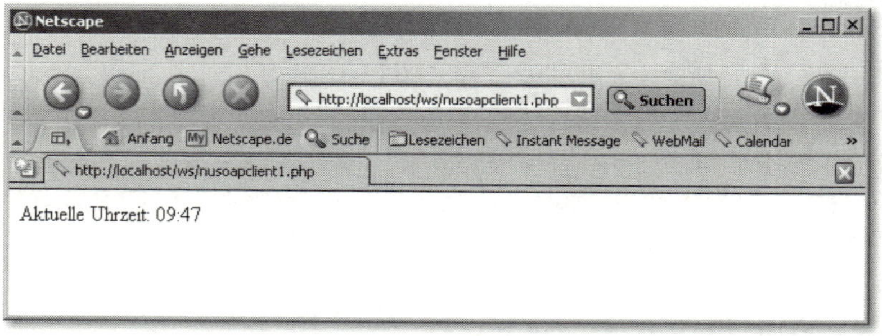

Abbildung 3.2 Der Web Service wird mit drei Zeilen Code aufgerufen.

Parameter

Noch einmal zurück zur Methode `call()`: Der (optionale) zweite Parameter sind die Parameter, die an den Web Service übergeben werden. Dabei ist Folgendes wichtig: Die Parameter müssen in ein Array verpackt werden, auch wenn es nur ein Parameter ist. Im Beispiel **nusoapserver2.php** wurde eine solche Methode erstellt, die einen Parameter erwartet (das Datumsformat). Hier der entsprechende Aufruf:

```
<?php
require_once "nusoap.php";
$soap = new soapclient("http://localhost/ws/
nusoapserver2.php");
```

```
print "Aktuelle Uhrzeit: " .
   $soap->call("jetzt", array("H:i:s"));
?>
```

Listing 3.6 Aufruf mit Parameter (nusoapclient2.php)

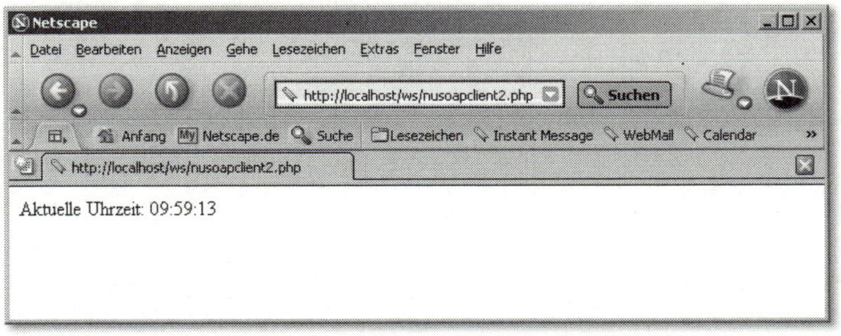

Abbildung 3.3 Durch den Parameter werden auch die Sekunden ausgegeben.

Bei den Parametern geht es nach der Reihenfolge, also können Sie bei der Abfrage mehrerer Parameter einfach über die Reihenfolge gehen. Alternativ können Sie den oder die Parameter auch mit einem assoziativen Array übergeben:

```
$soap->call("jetzt", array("format" => "H:i:s"));
```

Fehler

Was aber passiert, wenn kein Parameter übergeben wird? Ein Test zeigt, dass nichts ausgegeben wird. Besser wäre es natürlich, wenn eine Fehlermeldung ausgegeben werden würde. Auch hier weiß die NuSOAP-Klasse Rat: Die Methode `getError()` der SOAP-Rückgabe liefert eine entsprechende Meldung, sofern ein Fehler aufgetreten ist. Hier sehen Sie eine entsprechend angepasste Variante des vorhergehenden Skripts:

```
<?php
require_once "nusoap.php";
$soap = new soapclient("http://localhost/ws/
nusoapserver2.php");
$ergebnis = $soap->call("jetzt");
if ($fehler = $soap->getError()) {
   print "Fehler: " . $fehler;
} else {
   print "Aktuelle Uhrzeit: " . $ergebnis
}
?>
```

Listing 3.7 Aufruf mit Fehler und Fehlerbehandlung (nusoapclient3.php)

Der Fehler wird serialisiert (im Format: »Fehlertyp: Fehlertext«) und ausgegeben, wie in Abbildung 3.4 zu sehen ist.

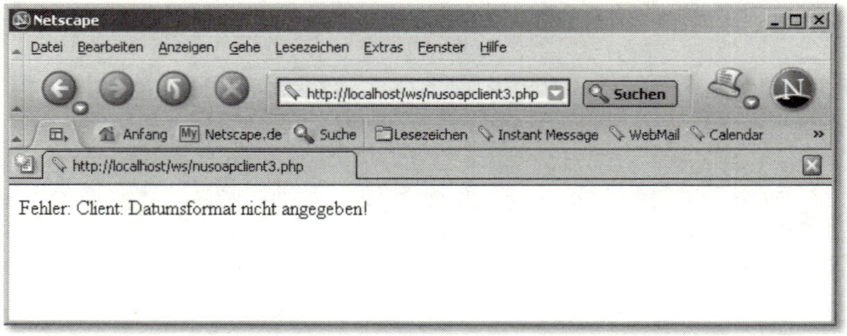

Abbildung 3.4 Ein Fehler ist aufgetreten und wird ausgegeben.

Datentypen

Bei der Verwendung von komplexen Datentypen ist die Abfrage per Web Service ebenfalls relativ einfach; der Datentyp wird von NuSOAP in das ursprüngliche PHP-Objekt zurückserialisiert, in diesem Fall also in ein assoziatives Array. Sie können also direkt auf die einzelnen Werte in der Struktur zugreifen, wie Sie es von PHP gewohnt sind:

```
<?php
require_once "nusoap.php";
$soap = new soapclient("http://localhost/ws/
nusoapserver3.php");
$ergebnis = $soap->call("jetzt");
if ($fehler = $soap->getError()) {
   print "Fehler: " . $fehler;
} else {
   print "Aktuelle Uhrzeit: " . $ergebnis["UhrzeitHHMM"];
   print "<br />Epoche-Wert: " . $ergebnis["Epoche"];
}
?>
```

Listing 3.8 Der komplexe Datenwert wird ausgegeben (nusoapclient4.php).

Debugging

Abschließend noch der Hinweis auf zwei praktische Hilfseigenschaften, die beim Debugging von Nutzen sein können:

- `request` enthält die SOAP-Anfrage und
- `response` die SOAP-Antwort.

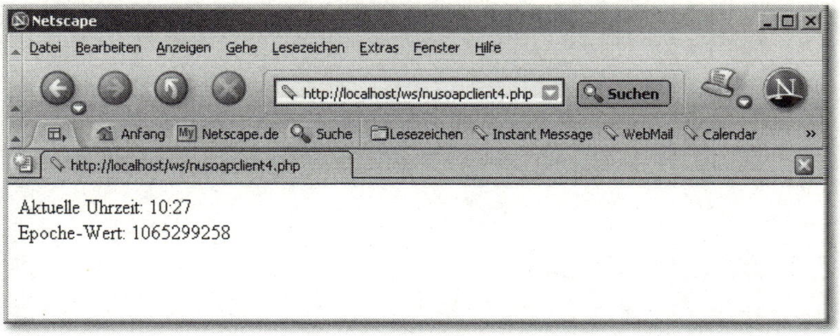

Abbildung 3.5 Die aktuelle Uhrzeit samt Epoche-Wert

Damit können Sie – nach dem Aufruf des Web Service – überprüfen, welche Daten über den Äther geschickt worden sind, und so mögliche Fehler finden:

```
<?php
require_once "nusoap.php";
$soap = new soapclient("http://localhost/ws/
nusoapserver3.php");
$ergebnis = $soap->call("jetzt");
if ($fehler = $soap->getError()) {
   print "Fehler: " . $fehler;
} else {
   print "Aktuelle Uhrzeit: " . $ergebnis["UhrzeitHHMM"];
   print "<br />Epoche-Wert: " . $ergebnis["Epoche"];
}
print "<hr /><code>";
print nl2br(htmlspecialchars($soap->request));
print "</code><hr /><code>";
print nl2br(htmlspecialchars($soap->response));
print "</code>";
?>
```

Listing 3.9 Der SOAP-Code wird zum Debuggen ausgegeben (nusoapclient5.php).

Wie Sie in der Ausgabe sehen, wird eine ganze Menge an Debug-Code in die `response`-Eigenschaft eingebaut. Er wird als Kommentar (zwischen `<!--` und `-->`) verborgen. Dies können Sie über die Eigenschaft `debug_flag` des `soapclient`-Elements steuern. Alternativ ergänzen Sie die SOAP-URL durch `?debug=1`, um die Debugging-Kommentare zu aktivieren.

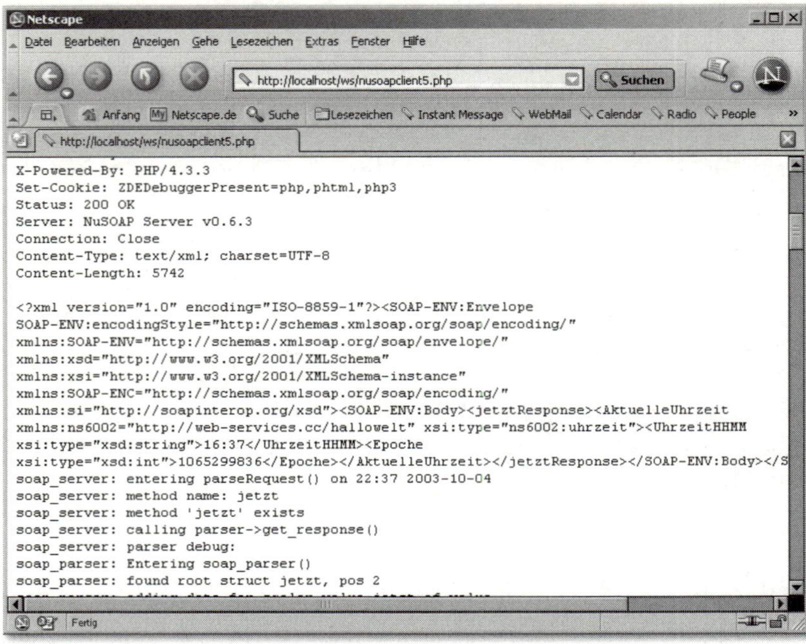

Abbildung 3.6 Der SOAP-Code kann jetzt eingesehen werden.

Allerdings ist dies nicht nötig – standardmäßig ist nämlich `debug_flag` automatisch auf `true` gesetzt! Aus Performance-Gründen ist es also ratsam, diese Eigenschaft auf `false` zu setzen, entweder von Fall zu Fall im Client-Skript oder direkt in der Datei **nusoap.php**.

document/literal

Die bisherigen Beispiele haben jeweils das RPC-Encoding verwendet; der Aufruf einer Methode wurde dementsprechend verpackt. Mittlerweile unterstützt NuSOAP allerdings auch `document/literal`, wenngleich die Bedienung etwas mühsamer ist. Wie bereits erläutert wurde, setzen insbesondere .NET-Web Services auf `document/literal`. Eine große Anlaufstelle für Web Services jeglicher Art ist **http://xmethods.net/**; dort finden Sie eine Reihe dieser Dienste zum Ausprobieren und Testen. Für dieses Beispiel greifen wir allerdings auf einen selbst erstellten, einfachen Webdienst zurück, der überprüft, ob eine Zahl eine Primzahl[7] ist oder nicht. Diesen Dienst finden Sie unter **http://www.hauser-wenz.net/playground/ws/Primzahlen.asmx**.

7 Eine Primzahl hat genau zwei Teiler: 1 und sich selbst. Primzahlen sind beispielsweise 2, 3, 5 und 7, nicht jedoch die 1 (nur ein Teiler) oder die 9 (drei Teiler: 1, 3, 9).

Wie unter .NET üblich, liefert das Web-Service-Skript eine ganze Menge an Informationen über sich selbst. Ein Klick auf den Link **istPrimzahl** zeigt an, wie der Web Service aufgerufen werden kann, sogar mit SOAP-Code (siehe Abbildung 3.7). Diese Informationen sind für die Implementierung wichtig.

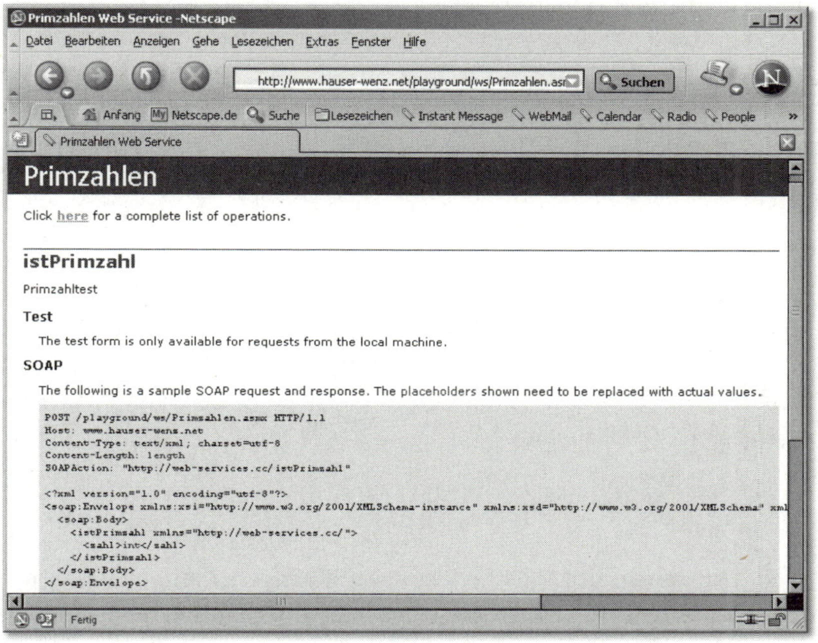

Abbildung 3.7 Automatisch generierte Web-Service-Infos

> Der Quellcode zu diesem Web Service kann ebenfalls unter **http://www.web-services.cc/** herunter geladen werden, benötigt aber .NET.

Nun geht es ans Eingemachte. Zunächst wird wie immer die Datei `nusoap.php` eingebunden:

```
<?php
require_once "nusoap.php";
```

Dann müssen Sie die Anfrage erstellen. Dazu füllen Sie eine Variable mit dem Inneren des SOAP-Body-Bereichs. Diesen können Sie übrigens ganz bequem aus der in Abbildung 3.7 gezeigten Ausgabe herauskopieren:

```
$body = "<istPrimzahl xmlns=\"http://web-services.cc/\">
            <zahl>1007</zahl>
         </istPrimzahl>";
```

Als Nächstes erstellen Sie ein `soapclient`-Objekt; als Parameter übergeben Sie dem Konstruktor die URL des Web Service, in diesem Fall die **.asmx**-Datei (ohne Querystring):

```
$soap = new soapclient("http://www.hauser-wenz.net/
playground/ws/Primzahlen.asmx");
```

Der SOAP-Body muss nun serialisiert werden; dies erledigt die Methode `serializeEnvelope()`:

```
$nachricht = $soap->serializeEnvelope($body);
```

Zu guter Letzt rufen Sie die Web-Methode auf. Das geschieht mit der Methode `send()`. Als ersten Parameter übergeben Sie den serialisierten SOAP-Body, als zweiten Parameter den Wert für SOAPAction. Diesen können Sie ebenfalls in Abbildung 3.7 erspähen: Er befindet sich im gezeigten HTTP-Header.

```
$soap->send($nachricht, "http://web-services.cc/
istPrimzahl");
```

Nach dem Aufruf des Web Service wird die Eigenschaft `document` mit dem Rückgabewert gefüllt; diese hat dann beispielsweise folgenden Wert (falls die übergebene Zahl keine Primzahl ist):

```
<istPrimzahlResponse xmlns="http://web-services.cc/
"><istPrimzahlResult>false</istPrimzahlResult></
istPrimzahlResponse>
```

Mit den String-Funktionen von PHP, beispielsweise `strpos()`, kann dann überprüft werden, ob die Eigenschaft `document` den Wert `true` oder `false` enthält; bei komplexeren Rückgabewerten empfiehlt sich eine »Entschlüsselung« mit regulären Ausdrücken, um die Tags loszuwerden.

Hier sehen Sie ein komplettes Beispiel, bei dem eine Zahl in ein HTML-Formular eingegeben werden kann und dieser Wert dann mit dem Web Service daraufhin überprüft wird, ob es sich um eine Primzahl handelt oder nicht:

```
<html>
<head>
```

```
<title>Primzahltest</title>
</head>
<body>
<?php
error_reporting(E_ALL ^ E_NOTICE);

if (isset($_POST["zahl"])) {
   require_once "nusoap.php";

   $zahl = $_POST["zahl"];
   $body = "<istPrimzahl xmlns=\"http://web-services.cc/\">
            <zahl>$zahl</zahl>
         </istPrimzahl>";

   $soap = new soapclient("http://www.hauser-wenz.net/
playground/ws/Primzahlen.asmx");
   $nachricht = $soap->serializeEnvelope($body);
   $soap->send($nachricht, "http://web-services.cc/
istPrimzahl");
   $ergebnis = $soap->document;
   $prim = strpos($ergebnis, "true");
   if ($prim === false) {
      print "$zahl ist keine Primzahl!";
   } else {
      print "$zahl ist eine Primzahl!";
   }
}
?>
<form method="post">
<input type="text" name="zahl" />
<input type="submit" value="Primzahltest" />
</form>
</body>
</html>
```

Listing 3.10 Primzahltest mit Web Services (nusoapclient6.php)

Wie Sie dem Listing entnehmen können, setzen wir `error_reporting` auf einen »niedrigeren« Wert:

```
error_reporting(E_ALL ^ E_NOTICE);
```

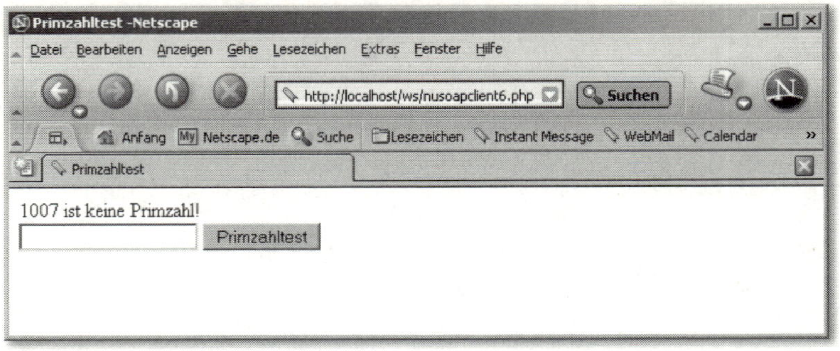

Abbildung 3.8 1007 ist keine Primzahl (sondern 19 x 53).

Das liegt daran, dass NuSOAP in der vorliegenden Version bei der Verwendung von `document/literal` eine hässliche PHP-Notice ausgibt. Der Web Service wird dennoch korrekt aufgerufen und das Ergebnis zurückgeliefert.

3.3 Web Services mit PEAR::SOAP

Die PEAR-Variante von SOAP genießt einen besonders guten Ruf. Sie ist nicht nur äußerst umfangreich und mächtig, sie wird zudem auch sehr aktiv weiterentwickelt. Lediglich mit der Dokumentation hapert es noch ein wenig – SOAP genießt hier eine Art Sonderstellung innerhalb von PEAR, wo zumindest eine Text-Doumentation Pflicht ist.

3.3.1 Download und Installation

PEAR wurde bereits im letzten Kapitel näher behandelt, deswegen beginnen wir hier direkt mit der Installation. Bei der Verwendung der Kommandozeilenvariante von PEAR läuft die Installation (theoretisch) mit folgendem Kommando ab:

```
pear install SOAP
```

Aber eben nur theoretisch, siehe Abbildung 3.9. Auf der Homepage des PEAR-Pakets (**http://pear.php.net/package/SOAP**) werden fünf Abhängigkeiten für PEAR::SOAP genannt:

- Die `pcre`-Erweiterung von PHP (für reguläre Ausdrücke)
- `Mail_Mime`
- `HTTP_Request`
- `Net_URL`
- `Net_DIME`

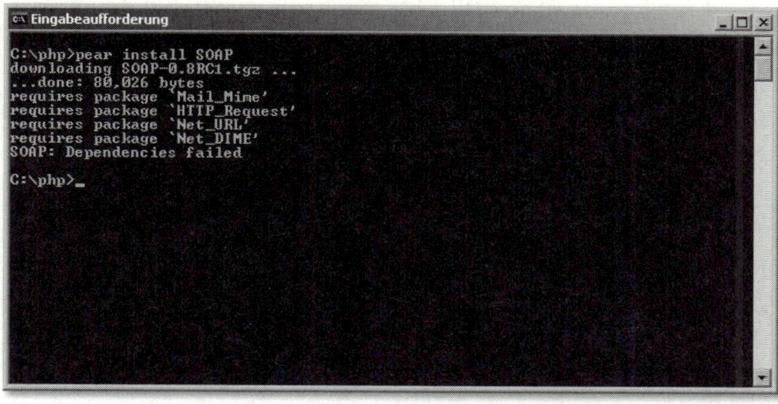

Abbildung 3.9 Fehler bei der Installation: Einige Pakete fehlen.

`Net_URL` wiederum hängt auch noch von `Net_Socket` ab, das ist aber bei einer Standard-PEAR-Installation zumeist schon dabei. Aufgrund der Abhängigkeiten der PEAR-Pakete untereinander ist die folgende Installationsreihenfolge empfehlenswert:

- `pear install Net_Socket`
- `pear install Net_DIME`
- `pear install Net_URL`
- `pear install http_Request`
- `pear install Mail_Mime`
- `pear install SOAP`

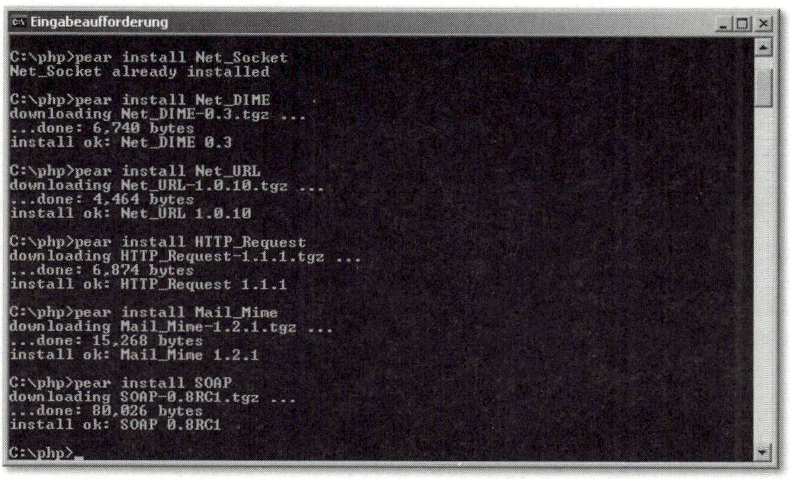

Abbildung 3.10 Mühsam ernährt sich das Eichhörnchen.

Die `pcre`-Erweiterung ist ab PHP 4.2.0 automatisch aktiviert, unter Windows sowieso. Selbstkompilierer müssen ältere Versionen mit dem Schalter `--with-pcre-regex` kompilieren. Nähere Informationen finden Sie auf der entsprechenden Seite im PHP-Online-Handbuch, **http://www.php.net/pcre**.

Bis zur Drucklegung dieses Buches hat PEAR::SOAP mehrere Release Candidates von Version 0.8 durchlaufen, auf deren Basis der folgende Code entwickelt und getestet wurde. Generell gilt: Mindestens Version 0.8 ist empfohlen, neuere 0.x-Versionen (0.81, 0.9 ...) sollten auch ohne Anpassungen funktionieren. Nach längeren Diskussionen auf der PEAR-Mailingliste sprach sich die Mehrheit der Entwickler dafür aus, größere Veränderungen an der API eines Paketes und einen eventuellen Bruch der Abwärtskompatibilität nur bei neuen Hauptversionsnummern zuzulassen.

3.3.2 Web Service erstellen

Die Erstellung eines Web Service ist bei PEAR::SOAP nicht ganz so einfach wie mit NuSOAP, durch die erzwungene komplette Objektorientierung müssen beispielsweise alle Daten des Web Service als eigene Klasse deklariert werden. Aber wie für viele Beispiele in diesem Buch gilt: Hat man es einmal gesehen, gehen Erweiterungen leicht von der Hand. Im Folgenden werden die Beispiele aus dem Abschnitt über NuSOAP mehr oder weniger portiert, um eine gute Vergleichbarkeit zu ermöglichen.

Wir gehen wieder schrittweise vor. Zunächst muss PEAR::SOAP eingebunden werden, genauer gesagt die Server-Klasse:

```
<?php
require_once "SOAP/Server.php";
```

Zunächst instanziieren wir den SOAP-Server ...

```
$soap = new SOAP_Server();
```

... und dann die Web-Services-Klasse (die wir im Folgenden erstellen werden):

```
$service = new Service();
```

Abschließend wird dem Server noch eine URN zugewiesen; dies geschieht mit der Methode `addObjectMap()` des SOAP-Servers:

```
$soap->addObjectMap($service, "urn:soapservice");
```

Der Rest ist wie bei NuSOAP: Die `service()`-Methode sorgt dafür, dass die per POST übermittelten Daten abgefangen und ausgewertet werden:

```
$soap->service($HTTP_RAW_POST_DATA);
```

Das Einzige, was noch fehlt, ist der Web Service selbst, also die Funktion. Diese können wir direkt aus dem NuSOAP-Beispiel übernehmen. Eine Besonderheit gibt es allerdings: Die Funktion muss innerhalb einer Klasse stehen; diese wurde vorher bereits implementiert:

```
class Service {
   function jetzt() {
      return date("H:i");
   }
}
```

Hier das komplette Beispiel an einem Stück:

```
<?php
class Service {
   function jetzt() {
      return date("H:i");
   }
}

require_once "SOAP/Server.php";

$soap = new SOAP_Server();
$service = new Service();
$soap->addObjectMap($service, "urn:soapservice");
$soap->service($HTTP_RAW_POST_DATA);
?>
```

Listing 3.11 Der erste, einfache Web Service (pearserver1.php)

Abbildung 3.11 zeigt den direkten Test im Webbrowser; achten Sie aber darauf, dass Notices (ausnahmsweise) deaktiviert sind.

Parameter

Beim Einsatz von Parametern gibt es zwei Möglichkeiten – eine einfache und eine nicht so einfache. Beginnen wir mit der leichteren Alternative:

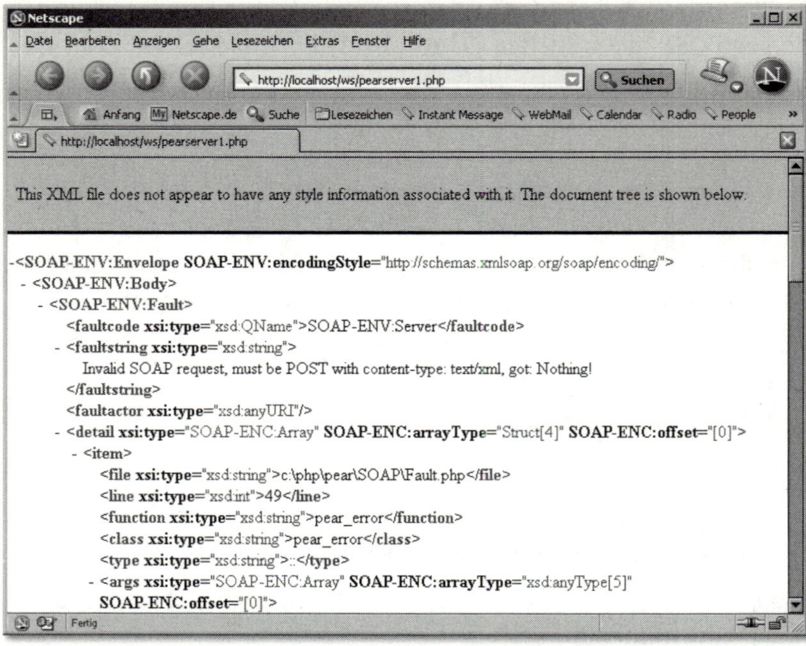

Abbildung 3.11 Ein (gewollter) SOAP-Fehler

Der Parameter wird einfach angegeben, und PEAR::SOAP übernimmt den Rest:

```
class Service {
   function jetzt($format) {
      return date($format);
   }
}
```

Bei der komplizierteren Methode haben Sie zwar mehr zu tun, helfen aber PEAR::SOAP, die Typen der Parameter zu identifizieren. Dazu müssen Sie im Konstruktor Ihrer Service-Klasse für jede Funktion die so genannte **Dispatch Map** angeben: die Ein- und Ausgabeparameter. Dabei handelt es sich um ein Array, in dem die entsprechenden Parameter samt Datentyp angegeben werden. Das komplette Listing sieht wie folgt aus:

```
<?php
class Service {
   function Service() {
      $this->dispatchMap["jetzt"] =
         array("in"  => array("format"  => "string"),
```

```
                "out" => array("uhrzeit" => "string"));
  }

  function jetzt($format) {
    return date($format);
  }
}

require_once "SOAP/Server.php";

$soap = new SOAP_Server();
$service = new Service();
$soap->addObjectMap($service, "urn:soapservice");
$soap->service($HTTP_RAW_POST_DATA);
?>
```

Listing 3.12 Ein Web Service mit Parametern (pearserver2.php)

Werfen wir einen genaueren Blick auf den halbfett hervorgehobenen Code. Er beginnt mit dem Konstruktor, der natürlich denselben Namen haben muss wie die Klasse selbst:

```
  function Service() {
```

Dann setzen Sie die `dispatchMap`-Eigenschaft. Als Schlüssel für das assoziative Array nehmen Sie den Namen der Web-Service-Funktion – so ist es auch möglich, innerhalb eines Web Service mehrere Funktionen anzubieten:

```
    $this->dispatchMap["jetzt"] =
```

Dann erstellen Sie ein Array mit dem Schlüssel `"in"` für Eingabeparameter und `"out"` für Rückgabeparameter. Als Wert geben Sie ein weiteres Array mit den Parameternamen und -typen an.

```
      array("in"  => array("format"  => "string"),
            "out" => array("uhrzeit" => "string"));
  }
```

Auch komplexere Datentypen sind möglich. Um das Beispiel vom Abschnitt über NuSOAP zu wiederholen: Hier wird das Array mit Uhrzeitinformationen zurückgeliefert:

```
<?php
class Service {
  function jetzt() {
```

```
        return array(
            "UhrzeitHHMM" => date("H:i"),
            "Epoche" => time()
        );
    }
}

require_once "SOAP/Server.php";

$soap = new SOAP_Server();
$service = new Service();
$soap->addObjectMap($service, "urn:soapservice");
$soap->service($HTTP_RAW_POST_DATA);
?>
```

Listing 3.13 Ein komplexer(er) Datentyp wird zurückgegeben (pearserver3.php).

Fehler

Auch bei PEAR::SOAP ist es natürlich möglich, SOAP-Fehler (`<Fault>`-Elemente) zurückzuliefern. Das funktioniert ganz ähnlich wie bei NuSOAP. Sie erstellen einfach ein Element vom Typ `SOAP_Fault`, als Parameter übergeben Sie eine Fehlermeldung und eine (selbst definierte) Fehlernummer:

```
$fehler = new SOAP_
Fault("Kein Parameter angegeben", "0815");
```

Die Eigenschaft `message` liefert dann eine entsprechende Fehlermeldung:

```
print $fehler->message;
```

Nachfolgend sehen Sie den angepassten Web Service, bei dem überprüft wird, ob überhaupt ein Parameter angegeben worden ist:

```
<?php
class Service {
    function Service() {
        $this->dispatchMap["jetzt"] =
            array("in"  => array("format"  => "string"),
                  "out" => array("uhrzeit" => "string"));
    }

    function jetzt($format) {
```

```
        if ($format == null || trim($format) == "") {
            return new SOAP_
Fault("Kein Parameter angegeben", "0815");
        } else {
            return date($format);
        }
    }
}

require_once "SOAP/Server.php";

$soap = new SOAP_Server();
$service = new Service();
$soap->addObjectMap($service, "urn:soapservice");
$soap->service($HTTP_RAW_POST_DATA);
?>
```

Listing 3.14 Ein Web Service mit Fehlerprüfung (pearserver4.php)

3.3.3 Einen Web Service konsumieren

Beim Abfragen, also dem Ausführen des Web Service fangen wir wieder mit dem einfachsten Beispiel an: Der Simpel-Web-Service (hier: **pearserver1.php**) wird aufgerufen und das Ergebnis ausgegeben. Wir gehen wie gewohnt schrittweise vor. Zunächst wird die PEAR-Client-Klasse eingebunden:

```
<?php
require_once "SOAP/Client.php";
```

Die Klasse wird instanziiert, und als Parameter wird die URL des Web Service übergeben:

```
$soap = new SOAP_Client("http://localhost/ws/
pearserver1.php");
```

Dann wird die Web-Service-Methode aufgerufen, indem ihr Name an `call()` übergeben wird. Laut Dokumentation benötigt diese Methode nur einen Parameter, die restlichen sind optional; allerdings gibt es eine PHP-Fehlermeldung, wenn nicht mindestens zwei Parameter angegeben werden, sowie eine SOAP-Fehlermeldung, wenn Sie nicht als dritten Parameter die URN des Dienstes angeben. Übergeben Sie also als zweiten Parameter ein leeres Array – warum ausgerechnet ein Array, erfahren Sie im Folgenden – sowie als dritten Parameter `"urn:soapservice"`.

```
$parameter = array();
print $soap->call("jetzt", $parameter, "urn:soapservice");
?>
```

Die Parameter müssen in einer Variablen abgelegt und dann übergeben werden. Sie können also nicht direkt beim Aufruf von `call()` deklariert werden.

Hier noch einmal das komplette Listing; Abbildung 3.12 beweist, dass es auch tatsächlich funktioniert.

```
<?php
require_once "SOAP/Client.php";
$soap = new SOAP_Client("http://localhost/ws/
pearserver1.php");
$parameter = array();
print $soap->call("jetzt", $parameter, "urn:soapservice");
?>
```

Listing 3.15 Ein SOAP-Client in vier Zeilen (pearclient1.php)

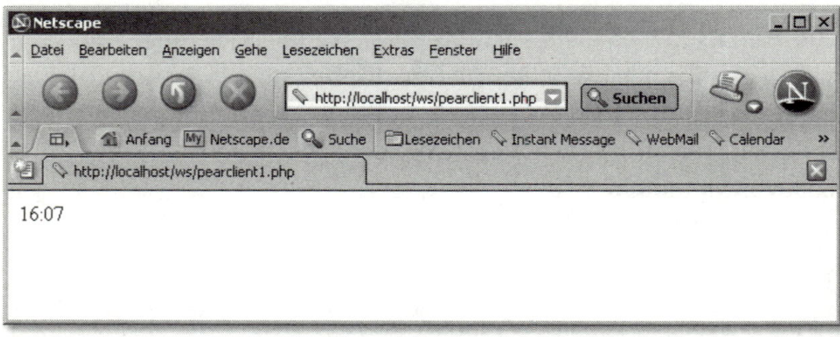

Abbildung 3.12 Die »atomgenaue« Uhrzeit mit PEAR::SOAP

Auch komplexere Rückgabewerte sind möglich und werden automatisch in PHP-Typen umgewandelt wie im Beispiel mit dem assoziativen Array (mit Uhrzeit und Epoche-Wert). Eine Besonderheit gibt es hier: Bei solchen Datentypen ist der Rückgabewert vom Typ `stdClass`; die einzelnen Schlüssel im Array sind automatisch zu Eigenschaften des Objekts umgewandelt worden. Der Zugriff auf beispielsweise den Epoche-Wert erfolgt also nicht über `$ergebnis["Epoche"]`, sondern über `$ergebnis->Epoche`. Hier sehen Sie den kompletten Code:

```
<?php
require_once "SOAP/Client.php";
$soap = new SOAP_Client("http://localhost/ws/
pearserver3.php");
$parameter = array();
$ergebnis = $soap-
>call("jetzt", $parameter, "urn:soapservice");
print "Aktuelle Uhrzeit: " . $ergebnis->UhrzeitHHMM;
print "<br />Epoche-Wert: " . $ergebnis->Epoche;
?>
```

Listing 3.16 Rückgabe komplexer Datentypen (pearclient2.php)

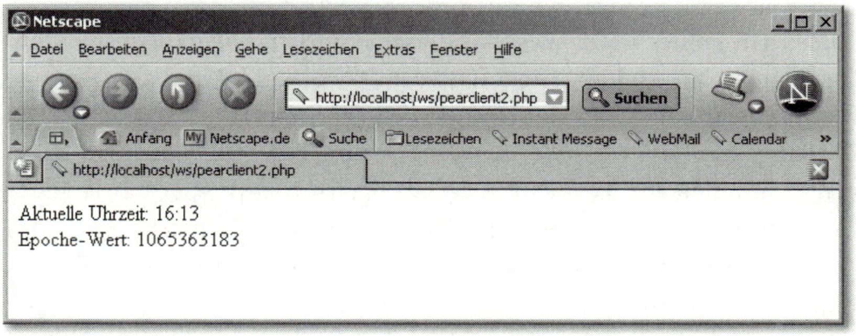

Abbildung 3.13 Die einzelnen Werte im zurückgegebenen Array

Parameter

Bei der Abfrage von Parametern müssen Sie das `$parameter`-Array mit Daten füllen. Auch hier wird ein assoziatives Array eingesetzt. Der Schlüssel ist der Name des Parameters im Web Service, der Wert wird dann an die Funktion im Web Service übergeben. Ansonsten ändert sich nichts, weswegen wir direkt den zugehörigen Code zeigen:

```
<?php
require_once "SOAP/Client.php";
$soap = new SOAP_Client("http://localhost/ws/
pearserver2.php");
$parameter = array("format" => "H:i:s");
print $soap->call("jetzt", $parameter, "urn:soapservice");
?>
```

Listing 3.17 An den Web Service wird ein Array übergeben (pearclient3.php).

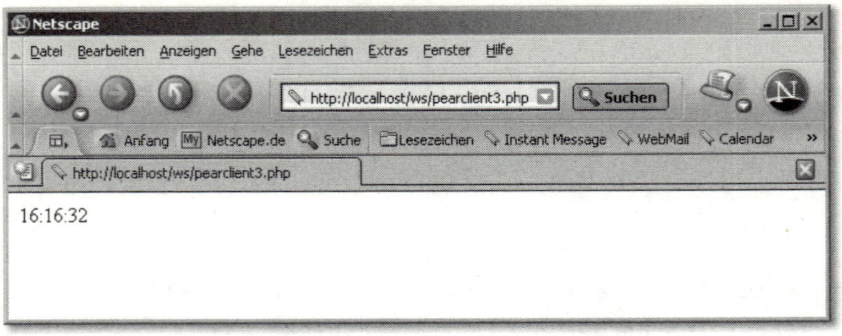

Abbildung 3.14 Die aktuelle Uhrzeit mit benutzerdefiniertem Format

Fehler

Sofern ein Fehler vorliegt, sollte dieser natürlich abgefangen werden. Dazu muss ein kleiner Trick angewandt werden. Wenn die Abfrage funktioniert, liefert PEAR::SOAP den Rückgabewert als Standard-PHP-Datentyp (z.B. `string`) oder als Objekt vom Typ `stdClass`. Tritt dagegen ein Fehler auf, ist der Rückgabewert vom Typ `SOAP_Fault`. Dies kann mit `get_class()` überprüft werden. Die Eigenschaft `message` des `SOAP_Fault`-Objekts liefert dann die Fehlermeldung, die vom Web Service geliefert wird:

```
$ergebnis = $soap-
>call("jetzt", $parameter, "urn:soapservice");
if (strtolower(get_class($ergebnis)) == "soap_fault") {
   print "Fehler! " . $ergebnis->message;
} else {
   print $ergebnis;
}
```

In der `if`-Bedingung wird der Rückgabewert von `get_class()` zunächst in Kleinbuchstaben umgewandelt. Zwar liefert diese Methode normalerweise ausschließlich Kleinbuchstaben zurück, aber unter Umständen ändert sich dies einmal in einer zukünftigen PHP-Version. Aus diesem Grund führen wir sicherheitshalber eine Umwandlung durch.

Hier folgt ein komplettes Listing, in dem der Benutzer den Datumsparameter angeben kann:

```
<html>
<head>
<title>Datumsermittlung</title>
```

```
</head>
<body>
<?php
if (isset($_POST["format"])) {
   require_once "SOAP/Client.php";
   $soap = new SOAP_Client("http://localhost/ws/
pearserver4.php");
   $parameter = array("format" => $_POST["format"]);
   $ergebnis = $soap->call(
     "jetzt", $parameter, "urn:soapservice");
   if (strtolower(get_class($ergebnis)) == "soap_fault") {
      print "Fehler! " . $ergebnis->message;
   } else {
      print $ergebnis;
   }
}
?>
<form method="post">
<input type="text" name="format" />
<input type="submit" value="Datum ermitteln" />
</form>
</body>
</html>
```

Listing 3.18 Datumsermittlung mit Format (pearclient4.php)

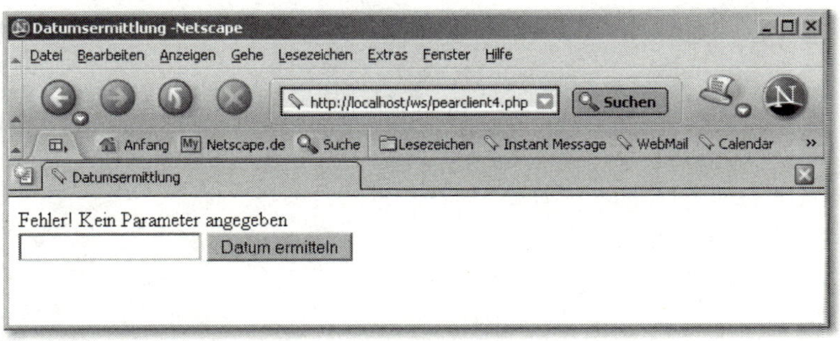

Abbildung 3.15 Die Fehlermeldung kommt vom SOAP-Server!

document/literal

Zum Abschluss werfen wir noch einen Blick auf `document/literal` und wagen damit gleichzeitig einen Blick über den Tellerrand, denn insbesondere .NET setzt auf `document/literal`. Als Beispiel wird wieder der Primzahl-Web-Service verwendet. Gemäß Dokumentation müssen Sie nur an einer Stelle etwas ändern, und zwar am dritten Parameter für `call()`. Dort übergeben Sie ein Array mit den folgenden Schlüsseln:

- `"namespace"` (für den verwendeten Namespace)
- `"soapaction"` (der Wert im SOAPAction-HTTP-Header)
- `"style"` (mit dem Wert `"document"`)
- `"use"` (mit dem Wert `"literal"`)

Das war es auch schon! Im Folgenden sehen Sie das komplette Listing für den Web-Service-basierten Primzahltest.

```
<html>
<head>
<title>Primzahltest (mit PEAR::SOAP)</title>
</head>
<body>
<?php
if (isset($_POST["zahl"])) {
   $zahl = $_POST["zahl"];
   require_once "SOAP/Client.php";
   $soap = new SOAP_Client("http://www.hauser-wenz.net/
playground/ws/Primzahlen.asmx");

   $parameter = array("zahl" => $zahl);
   $ergebnis = $soap->call(
      "istPrimzahl",
      $parameter,
      array(
         "namespace" => "http://web-services.cc/",
         "soapaction" => "http://web-services.cc/
istPrimzahl",
         "style" => "document",
         "use" => "literal"
      ));
   if (strtolower(get_class($ergebnis)) == "soap_fault") {
      print "Fehler! " . $ergebnis->message;
   } else { print "{".$ergebnis."}";
      if ($ergebnis == "false") {
         print "$zahl ist keine Primzahl!";
      } else {
         print "$zahl ist eine Primzahl!";
```

```
        }
    }
}
?>
<form method="post">
<input type="text" name="zahl" />
<input type="submit" value="Primzahltest" />
</form>
</body>
</html>
```

Listing 3.19 PHP ruft einen .NET-Web Service auf (pearclient5.php).

Doch leider funktioniert das Ganze so noch nicht. Die Kodierung nach document/literal erfolgt in einem für .NET nicht verständlichen Format, beispielsweise wird der Parameter als <zahl>123</zahl> serialisiert, der Methodenaufruf <istPrimzahl>...</istPrimzahl> jedoch fehlt. Es bleibt zu hoffen, dass das in einer späteren Version einmal funktioniert.

Wer dennoch einen .NET Web Service einsetzen möchte, sei auf das folgende Kapitel zu WSDL verwiesen; dort wird auch eine Möglichkeit gezeigt, mit PEAR::SOAP auf einen .NET Web Service zuzugreifen.

In einem solchen Fall hilft es oft weiter, zusätzliche Informationen über den Verlauf der SOAP-Aufrufe zu ermitteln. Dies geht mit den folgenden Schritten:

1. Geben Sie im Array im dritten Parameter für call() den Wert "trace" => 1 an.
2. Rufen Sie $soap->__getlastrequest() auf, um einen Blick auf die an den Web Service geschickten Daten zu werfen.
3. Rufen Sie $soap->__getlastresponse() auf, um einen Blick auf die vom Web Service gelieferten Daten zu werfen.

Die entsprechenden relevanten Codeteile sind:

```
print "<hr />Debug<pre>";
print nl2br(htmlspecialchars($soap->__getlastrequest()));
print "</pre><hr /><pre>";
print nl2br(htmlspecialchars($soap->__getlastresponse()));
print "</pre>";
```

So können Sie Fehlern schnell(er) auf die Spur kommen.

3.4 SOAP-Spezialitäten

Zum Abschluss dieses Kapitels sollen noch zwei besondere »Schmankerl« von PEAR::SOAP vorgeführt werden, die fortgeschrittene Möglichkeiten bieten. Bei der Implementierung beschränken wir uns auf PEAR::SOAP, das in dieser Hinsicht weiter als NuSOAP entwickelt ist.

3.4.1 SOAP-Header

Wie bereits erwähnt wurde, ist der SOAP-Header eigentlich kein Pflichtelement bei einer SOAP-Nachricht. Allerdings gibt es durchaus Anwendungsfälle, in denen es sinnvoll sein kann, im Header Daten zu übertragen. Ein Beispiel ist ein Autorisierungsmechanismus, bei dem der Benutzer einen Zugang per Passwort erhält. Dieses Passwort kann natürlich immer im Body der SOAP-Nachricht übermittelt werden, aber auch der Header ist möglich. Bei komplexeren Systemen wird das Passwort natürlich nicht immer übermittelt, sonder nur einmal; dann gibt es ein Ticket (eine Art Session-ID), über das der Benutzer auf den Dienst zugreifen kann. Auch so ein Ticket kann im Header an den SOAP-Server transportiert werden.

> In Kapitel 6 wird so ein Ticket-System auf Basis von PHP-Sessions implementiert (dort allerdings aus Gründen der Einfachheit nicht im SOAP-Header).

Der Zugriff mit PEAR::SOAP auf SOAP-Header ist etwas aufwändiger als das übliche Anbieten und Konsumieren von Web Services. Das Setzen von Headern ist zumindest dokumentiert, aber beim Auslesen tut man sich ohne Anleitung schwer. Aber es ist möglich, wie das im Folgenden aufgebaute Beispiel zeigen wird.

Beginnen wir mit Standard-Code: Die Datei **SOAP/Server.php** wird eingebunden, der Server wird registriert und gestartet:

```
<?php
require_once "SOAP/Server.php";

$soap = new SOAP_Server();
$service = new Service();
$soap->addObjectMap($service, "http://web-services.cc/");
$soap->service($HTTP_RAW_POST_DATA);
```

In einer globalen Variablen wird gespeichert, ob ein Benutzer authentifiziert ist oder nicht. Der Standardwert ist natürlich nein – ohne Zugangsdaten gibt es keinen Zugriff:

```
$GLOBALS["Authentifizierung"] = FALSE;
```

Außerdem gibt es eine Methode `Login()`, die in der Praxis die gewünschten, geschützten Daten zurückliefert. Diese Methode überprüft natürlich, ob der Benutzer bereits authentifiziert ist:

```
function Login() {
   if ($GLOBALS["Authentifizierung"]) {
      return "Geheime Daten.";
   } else {
      return "Zugriff verweigert!";
   }
}
```

Fehlt nur noch die Funktion, die den Header ausliest und die Variable `$Authentifizierung` dementsprechend setzt. Wir gehen davon aus, dass der geheime Schlüssel als Parameter übergeben wird. Als Rückgabewert geben wir übrigens den Schlüssel wieder zurück:

```
function HeaderLogin($s) {
   if ($s == "abc123") {
      $GLOBALS["Authentifizierung"] = TRUE;
   }
   return new SOAP_Value("{http://web-services.cc/
}HeaderLoginResponse",
                        "string",
                        $s);
}
```

> Der erste Parameter des Konstruktors für `SOAP_Value` ist der Datentyp. Da die Methode `HeaderLogin` heißt, verwenden wir als Namen `HeaderLoginResponse`. Da wir den Typ selbst definiert haben, setzen wir den entsprechenden Namespace in geschweiften Klammern davor.

Hier sehen Sie den kompletten Code an einem Stück:

```
<?php
$GLOBALS["Authentifizierung"] = FALSE;
```

```
class Service {
   function Login() {
      if ($GLOBALS["Authentifizierung"]) {
         return "Geheime Daten.";
      } else {
         return "Zugriff verweigert!";
      }
   }

   function HeaderLogin($s) {
      if ($s == "abc123") {
         $GLOBALS["Authentifizierung"] = TRUE;
      }
      return new SOAP_Value("{http://web-services.cc/
}HeaderLoginResponse",
                            "string",
                            $s);
   }
}

require_once "SOAP/Server.php";

$soap = new SOAP_Server();
$service = new Service();
$soap->addObjectMap($service, "http://web-services.cc/");
$soap->service($HTTP_RAW_POST_DATA);
?>
```

Listing 3.20 Der Web Service mit Header-Analyse (pearserver5.php)

Der etwas kompliziertere Teil des Beispiels ist der Konsument. Aber auch hier geht es zunächst wie gewohnt los:

```
<?php
require_once "SOAP/Client.php";
$soap = new SOAP_Client("http://localhost/ws/
pearserver5.php");
```

Dann kommt ein bis dato noch nicht verwendetes Element von PEAR::SOAP: `SOAP_Header`. Der Konstruktor erwartet die folgenden Parameter:

1. Die aufzurufende Methode im Web Service (inklusive Namespace in geschweiften Klammern).
2. Den Datentyp
3. Den Wert
4. 1 (damit ein Fehler erzeugt wird, wenn der Anbieter den Parameter nicht versteht)
5. Ein Schema; "http://schemas.xmlsoap.org/soap/actor/next" ist der Standardwert

Das SOAP_Header-Element wird mit addHeader() in den SOAP-Aufruf eingefügt. Im Beispiel ist also folgender Aufruf angebracht:

```
$header = new SOAP_Header(
   "{http://web-services.cc/}HeaderLogin",
   "string",
   "abc123",
   1,
   "http://schemas.xmlsoap.org/soap/actor/next"
);
$soap->addHeader($header);
```

Nun fehlt nur noch der Aufruf der Login()-Methode, und schon ist der Web Service samt Konsument implementiert:

```
$parameter = array();
print $soap->call("Login", $parameter, "http://web-
services.cc/");
?>
```

Es passiert nun Folgendes:

- Der Konsument schickt einen SOAP-Aufruf an den Anbieter. Der SOAP-Code enthält sowohl einen Aufruf von Login() als auch einen Aufruf von HeaderLogin() (im Header verborgen).
- Die Methode HeaderLogin() wird als Erste ausgeführt und setzt gegebenenfalls die Variable $GLOBALS["Authentifizierung"].
- Die Methode Login() wird ausgeführt und gibt – je nach Wert von $GLOBALS["Authentifizierung"] – eine Meldung zurück.

Um hier einen Blick unter die Haube werfen zu können, ändern Sie den Aufruf von `call()` wie folgt:

```
print $soap->call(
   "Login",
   $parameter,
   array("namespace" =>"urn:webservice", "trace" => "1")
);
```

Dann können Sie mit

```
print nl2br(htmlspecialchars($soap->wire));
```

sowohl die Anfrage als auch die Antwort ausgeben lassen. In diesem Fall wäre es folgender Code:

```
OUTGOING:

POST /ws/pearserver5.php HTTP/1.0
User-Agent: PEAR-SOAP 0.7.5-devel
Host: localhost
Content-Type: text/xml; charset=UTF-8
Content-Length: 661
SOAPAction: ""

<?xml version="1.0" encoding="UTF-8"?>

<SOAP-ENV:Envelope xmlns:SOAP-ENV="http://
schemas.xmlsoap.org/soap/envelope/"
xmlns:xsd="http://www.w3.org/2001/XMLSchema"
xmlns:xsi="http://www.w3.org/2001/XMLSchema-instance"
xmlns:SOAP-ENC="http://schemas.xmlsoap.org/soap/encoding/"
xmlns:ns4="http://web-services.cc/"
SOAP-ENV:encodingStyle="http://schemas.xmlsoap.org/soap/
encoding/">
<SOAP-ENV:Header>

<ns4:HeaderLogin xsi:type="xsd:string" SOAP-
ENV:actor="http://schemas.xmlsoap.org/soap/actor/next" SOAP-
ENV:mustUnderstand="1">abc123</ns4:HeaderLogin>
</SOAP-ENV:Header>
<SOAP-ENV:Body>
```

```
<ns4:Login/>
</SOAP-ENV:Body>
</SOAP-ENV:Envelope>


INCOMING

HTTP/1.1 200 OK
Server: Microsoft-IIS/5.1
Date: Wed, 08 Oct 2003 17:48:37 GMT
X-Powered-By: PHP/4.3.3
Status: 200 OK
Server: PEAR-SOAP 0.7.5-devel
Content-Type: text/xml; charset=UTF-8
Content-Length: 603

<?xml version="1.0" encoding="UTF-8"?>

<SOAP-ENV:Envelope xmlns:SOAP-ENV="http://
schemas.xmlsoap.org/soap/envelope/"
xmlns:xsd="http://www.w3.org/2001/XMLSchema"
xmlns:xsi="http://www.w3.org/2001/XMLSchema-instance"
xmlns:SOAP-ENC="http://schemas.xmlsoap.org/soap/encoding/"
xmlns:ns4="http://web-services.cc/"
SOAP-ENV:encodingStyle="http://schemas.xmlsoap.org/soap/
encoding/">
<SOAP-ENV:Header>

<ns4:HeaderLoginResponse xsi:type="xsd:string">abc123</
ns4:HeaderLoginResponse>
</SOAP-ENV:Header>
<SOAP-ENV:Body>

<ns4:LoginResponse>
<return xsi:type="xsd:string">Geheime Daten.</return>
</ns4:LoginResponse>
</SOAP-ENV:Body>
</SOAP-ENV:Envelope>
```

Im Folgenden ist ein komplettes Listing zum Testen abgedruckt: Sie können einen Schlüssel eingeben und erhalten je nachdem »geheime Daten« oder eine Fehlermeldung:

```
<html>
<head>
<title>SOAP-Header</title>
</head>
<body>
<?php
$schluessel = (isset($_POST["key"])) ? $_POST["key"] : "";
require_once "SOAP/Client.php";
$soap = new SOAP_Client("http://localhost/ws/
pearserver5.php");
$header = new SOAP_Header(
   "{http://web-services.cc/}HeaderLogin",
   "string",
   $schluessel,
   1,
   "http://schemas.xmlsoap.org/soap/actor/next"
);
$soap->addHeader($header);
$parameter = array();
print $soap->call(
   "Login",
   $parameter,
   "http://web-services.cc/"
);
?>
<form method="post">
Schl&uuml;ssel: <input type="text" name="key" />
<input type="submit" value="Login!" />
</form>
</body>
</html>
```

Listing 3.21 Abfrage des Web Service mit Header (pearclient6.php)

Der Nachteil dieser Lösung ist, dass das genaue Vorgehen bei der Authentifizierung bekannt sein muss; aus dem WSDL-Dokument des Web Service kann das nicht erahnt werden (mehr dazu im folgenden Kapitel).

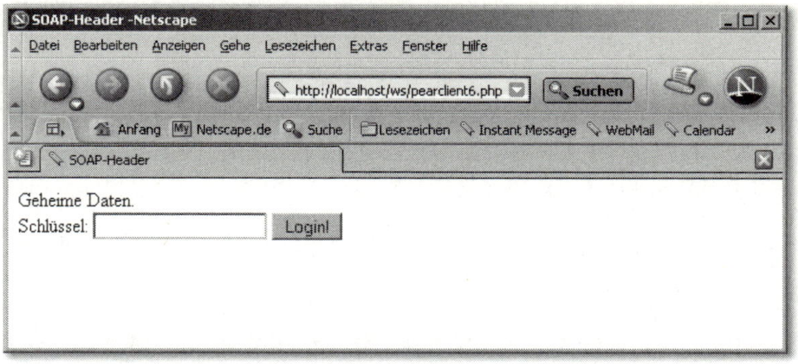

Abbildung 3.16 Die Ausgabe nach Eingabe von »abc123«

3.4.2 Dateianhänge

Eine weitere interessante Eigenschaft für Web Services ist der Versand von Dateien als Anhang eines Web Service. Dazu muss die Datei erst in ein Textformat umgewandelt werden, damit sie per Web Service verschickt werden kann – eine aus dem E-Mail-Bereich bekannte Technologie ist MIME.

Für Web-Service-Dateianhänge gibt es mehrere Standards. Microsoft hat mit seinem Zweigespann WS-Attachments und DIME hier eine Vorreiterrolle gespielt: Während sich das erste Format ganz abstrakt um das Anhängen von Daten an SOAP kümmert, handelt es sich bei DIME (Direct Internet Message Encapsulation) um das Zusammenfassen mehrerer Dateien zu einer binären Nachricht.

Microsoft reichte DIME bei der IETF als Draft ein, daraufhin wurden einige Referenzimplementierungen geschaffen, unter anderem für Axis SOAP. Nach den obligatorischen sechs Monaten (die Zeit, in der sich die IETF für oder gegen ein Draft entscheiden muss) ging das Format allerdings in Hinblick auf die Standardisierung baden. Trotzdem: Die Implementierungen existieren, DIME ist also weiterhin in Verwendung.

Das W3C arbeitet zurzeit an einem eigenen Format, dem **SOAP Attachment Feature (http://www.w3.org/TR/soap12-af/)**. In dieses Format sind auch Elemente von WS-Attachments mit eingeflossen.

PEAR::SOAP unterstützt WS-Attachments und insbesondere auch DIME[8]. Um eine Datei in einen SOAP-Aufruf einzubetten, erstellen Sie ein Objekt vom Typ `SOAP_Attachment`. Als Parameter übergeben Sie:

8 Sie erinnern sich: Zur Installation von PEAR::SOAP wurde das Paket `Net_DIME` benötigt.

- eine Beschreibung
- den MIME-Typ der Datei (Standard: `application/octet-stream`)
- den (lokalen) Dateinamen der Datei
- optional: den Dateiinhalt (dann ist der als dritter Parameter angegebene Dateiname nur ein Platzhalter)

Dieses Objekt (vom Typ `SOAP_Attachment`) übergeben Sie bei einem `call()`-Anruf an den Web Service.

Nachfolgend ein etwas ausführlicheres Skript: Ein Benutzer kann per HTTP-File-Upload eine Datei an den Webserver übermitteln. PHP liest diese Datei ein und übergibt sie an einen Web Service:

```
<html>
<head>
<title>SOAP-Dateianhang</title>
</head>
<body>
<?php
if (isset($_FILES["datei"]) &&
    is_uploaded_file($_FILES["datei"]["tmp_name"])) {
   require_once "SOAP/Client.php";
   $datei = new SOAP_Attachment(
      "Anhang",
      "text/plain",
      $_FILES["datei"]["tmp_name"]
   );
   $soap = new SOAP_Client("http://localhost/ws/
pearserver6.php");
   print nl2br(htmlspecialchars($soap->call(
      "ZeigeDatei",
      $p = array($datei),
      array("namespace" => "http://web-services.cc/")
   )));
}
?>
<form method="post" enctype="multipart/form-data">
<input type="file" name="datei" />
<input type="submit" value="Upload!" />
</form>
```

```
</body>
</html>
```

Listing 3.22 Eine Datei wird an einen Web Service geschickt (pearclient7.php).

Die Datei wird automatisch per DIME kodiert, das ist die Standardeinstellung. Wenn Sie einen anderen Kodierungstyp verwenden möchten, müssen Sie im dritten Parameter für `call()` zusätzliche Daten übergeben: Der Schlüssel `"Attachments"` gibt an, welcher Kodierungstyp verwendet wird. Der folgende Aufruf würde die Dateien per MIME kodieren:

```
$soap->call(
   "ZeigeDatei",
   $p = array($datei),
   array("namespace" => "http://web-services.cc/",
         "Attachments" => "Mime")
);
```

Auf Seiten des Web-Service-Anbieters steht nun die Datei als Parameter für den Web Service zur Verfügung. In diesem einfachen Beispiel liefert er die Dateidaten einfach als Rückgabewert des Strings zurück – daraus ergibt sich, dass zum Testen am besten nur Textdateien übertragen werden sollten:

```
<?php
class Service {
   function ZeigeDatei($datei) {
      return $datei;
   }
}

require_once "SOAP/Server.php";

$soap = new SOAP_Server();
$service = new Service();
$soap->addObjectMap($service, "http://web-services.cc/");
$soap->service($HTTP_RAW_POST_DATA);
?>
```

Listing 3.23 Der Web Service gibt die Datei wieder zurück (soapserver6.php).

Abbildung 3.17 zeigt das Skript in Aktion: Eine Textdatei (genauer gesagt: eine **.inf**-Datei mit Treiberinformationen für ein Mobiltelefon) wird vom Web Service zurück- und vom Konsumenten ausgegeben.

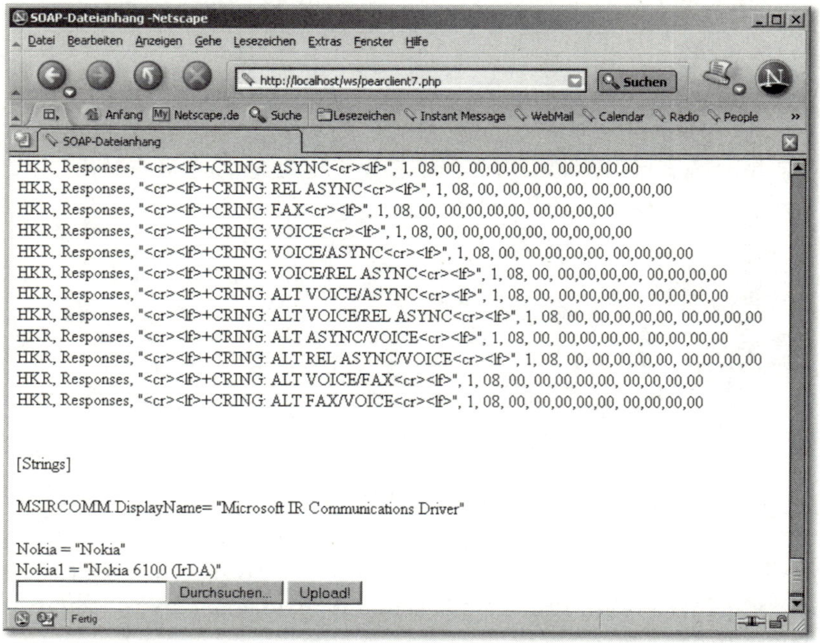

Abbildung 3.17 Einmal zum Web Service und wieder zurück

4 WSDL

4 WSDL

Eine Ideologie verhält sich zum Leben wie die Beschreibung des Steaks zum Steak.
– Tennessee Williams

Ein neues Kapitel, eine neue Abkürzung: WSDL steht für **Web Services Description Language** und ist ein XML-Format zur Beschreibung von Web Services. Wie immer beschränkt sich die Formatbeschreibung auf das Wesentliche sowie auf die Programmierung mit PHP. Eine komplette Vorstellung des Standards finden Sie in dem Buch »Web Services – Die Standards«.

4.1 WSDL en detail

In den früheren Beispielen hatten wir es immer relativ einfach: Der Quellcode der Web Services lag vor, und damit war auch bekannt, wie die einzelnen Methoden hießen und welche Parameter sie erwarteten. Am Ende des vorhergehenden Kapitels sind wir aber auch bei der »Black Box« .NET Web Services an unsere Grenzen gestoßen. Noch schlimmer wird es, wenn ein fremder Web Service aufgerufen oder eingebunden werden muss: Ohne eine gute Dokumentation sind Sie hier aufgeschmissen.

Halten wir fest: SOAP ist für Web Services sehr gut geeignet, allerdings benötigen Sie vorab schon eine Menge an Informationen, um mit dem Dienst arbeiten zu können. Viele »Global Players« haben bereits versucht, diese Lücke zu füllen:

- IBM entwickelte NASSL (Network Accessible Service Specification Language).
- Microsoft setzte auf SCL (SOAP Contract Language).
- webMethods schuf WIDL (Web Interface Definition Language).

Von diesen drei Ansätzen hat es nur einer zum W3C geschafft, nämlich WIDL, das bereits im September 1997 eingereicht wurde (**http://www.w3.org/TR/NOTE-widl**). Über den Status einer Note hinaus hat es das Format allerdings nicht geschafft.

Statt dessen setzten sich die beteiligten Unternehmen zusammen und warfen all ihre Ideen in einen Topf. Herausgekommen ist WSDL. Seine Version 1.1 ist seit März 2001 ebenfalls eine W3C-Note (**http://www.w3.org/TR/wsdl**).

Das W3C ging hier einen ähnlichen Weg wie schon bei SOAP: Die eingereichte Version 1.1 wurde als Note »eingefroren«, und gleichzeitig begann das W3C selbst mit der Arbeit an der Nachfolgeversion 1.2. Diese Arbeit dauert allerdings noch an, im Juni 2003 erschien bereits der elfte **Draft** (Entwurf), mit der Recommendation wird erst im Jahr 2004 gerechnet.

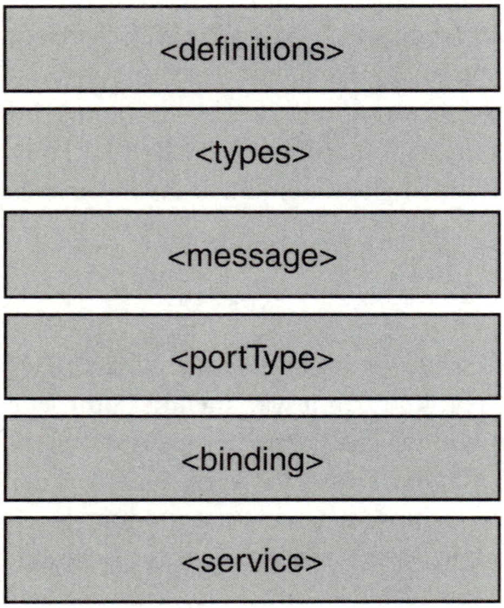

Abbildung 4.1 Die Struktur eines WSDL-Dokuments

Abbildung 4.1 zeigt die Struktur eines WSDL-XML-Dokuments. Das Wurzelelement ist also `<definitions>`, und darunter versammeln sich diese fünf Elemente:

- In `<types>` stehen Definitionen der im Web Service definierten Datentypen. Die Ausgangsbasis sind hier meist die in der XML-Schema-Spezifikation verwendeten Typen.
- Das Element `<message>` enthält Informationen über die Nachrichten im Web Service, beispielsweise über die Anfrage und über die Antwort (jeweils in eigenen `<message>`-Elementen).
- Aus `<portType>` können Sie die Methoden des Web Service entnehmen.
- In `<binding>` stehen die unterstützten Protokolle, also SOAP, HTTP GET, HTTP POST ...
- Abschließend steht in `<service>` die URI des Dienstes.

Hier sehen Sie ein Beispiel für eine WSDL-Datei:

```
<?xml version="1.0"?>
<definitions name="Bezeichnung" targetNamespace="urn:Bezeic
hnung" xmlns:wsdl="http://schemas.xmlsoap.org/wsdl/
" xmlns:soap="http://schemas.xmlsoap.org/wsdl/soap/
" xmlns:tns="urn:Bezeichnung" xmlns:xsd="http://www.w3.org/
2001/XMLSchema" xmlns:SOAP-ENC="http://schemas.xmlsoap.org/
soap/encoding/" xmlns="http://schemas.xmlsoap.org/wsdl/">
<types xmlns="http://schemas.xmlsoap.org/wsdl/">
</types>
<portType name="BezeichnungPort">
<operation name="jetzt">
<input message="tns:jetztRequest" />
<output message="tns:jetztResponse" />
</operation>
</portType>
<binding name="BezeichnungBinding" type="tns:BezeichnungPor
t">
<soap:binding style="rpc" transport="http://
schemas.xmlsoap.org/soap/http" />
<operation name="jetzt">
<soap:operation soapAction="urn:soapservice#service#jetzt"
/>
<input>
<soap:body use="encoded" namespace="urn:soapservice" encodi
ngStyle="http://schemas.xmlsoap.org/soap/encoding/" />
</input>
<output>
<soap:body use="encoded" namespace="urn:soapservice" encodi
ngStyle="http://schemas.xmlsoap.org/soap/encoding/" />
</output>
</operation>
</binding>
<service name="BezeichnungService">
<documentation />
<port name="BezeichnungPort" binding="tns:BezeichnungBindin
g">
<soap:address location="http://localhost/ws/
pearwsdlserver1.php" />
</port>
```

```
</service>
<message name="jetztRequest">
<part name="format" type="xsd:string" />
</message>
<message name="jetztResponse">
<part name="uhrzeit" type="xsd:string" />
</message>
</definitions>
```

Es gibt also unter `urn:soapservice` einen Web Service namens `jetzt`, der als Eingabeparameter `format` (vom Typ String) erwartet. Die Rückgabe heißt `uhrzeit` und ist vom Typ String. Die URL des Dienstskripts ist **http://localhost/ws/pearwsdlserver1.php**.

> Sie wundern sich womöglich, wie diese Schlüsse gezogen wurden? Nun, zum einen durch langes und konzentriertes Betrachten des WSDL-Codes. Und zum anderen wird später in diesem Kapitel ein Web Service programmiert, der genau auf diese WSDL-Beschreibung passt.

Sie sehen bereits: So etwas von Hand zu erzeugen ist unglaublich aufwändig. Schön wäre es, wenn es etwas einfacher ginge. Microsofts .NET hat hier vorgemacht, wie es gehen könnte: Wenn Sie an die URL eines .NET-Web-Service (endet auf **.asmx**) ein **?WSDL** anhängen, wird automatisch WSDL generiert, ohne dass Programmieraufwand entsteht. Sie können das bei dem Primzahl-Web-Service aus dem letzten Kapitel testen: Laden Sie in Ihrem Webbrowser die URL **http://www.hauser-wenz.net/playground/ws/Primzahlen.asmx?WSDL**, und Sie erhalten direkt die WSDL-Beschreibung des Primzahltests.

Mittlerweile hat die PHP-Community jedoch nachgezogen und bietet WSDL-Unterstützung, die Schritt für Schritt immer besser wird. Diese Unterstützung wird im Folgenden mit NuSOAP und PEAR::SOAP vorgestellt.

4.2 WSDL mit NuSOAP

Seit Version 0.6.3 unterstützt NuSOAP WSDL, und zwar sowohl als Anbieter als auch als Konsument.

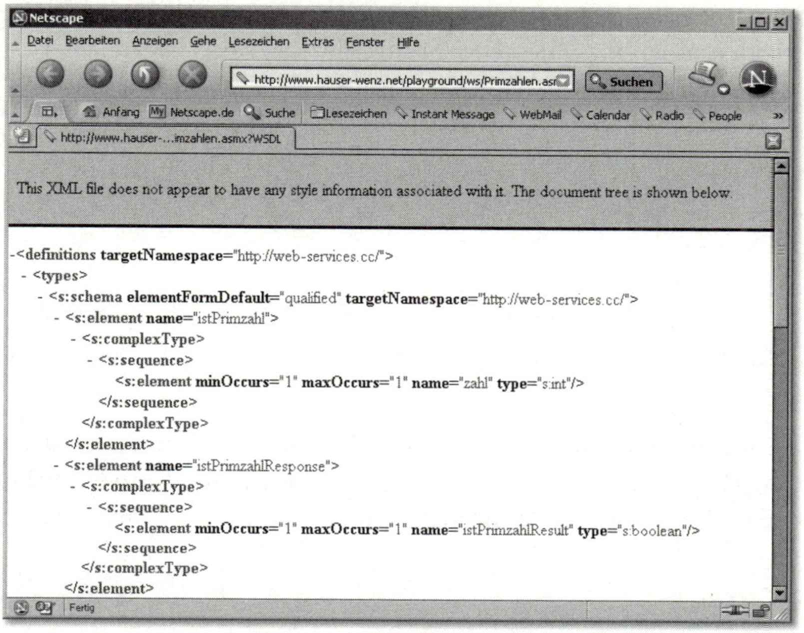

Abbildung 4.2 Automatisch erstelltes XML

4.2.1 WSDL erzeugen

Von der Serverseite her unterstützt NuSOAP die automatische Generierung von WSDL. Wir erläutern das wieder Schritt für Schritt an unserem allseits beliebten Uhrzeit-Beispiel.

Zunächst muss wie immer die Datei **nusoap.php** eingebunden werden:

```
<?php
require_once "nusoap.php";
```

Dann der SOAP-Server erzeugt:

```
$soap = new soap_server;
```

Es folgt eine bis dato unbekannte Methode: `configureWSDL()`, die als Parameter den Namen des Web Service sowie den Namespace erwartet:

```
$soap->configureWSDL("NuSOAPService", "http://web-
services.cc/");
```

Zur Einbindung von Datentypen verwenden Sie den SOAP-Interoperabilitäts-Namespace wie folgt:

```
$server->wsdl->schemaTargetNamespace = 'http://
soapinterop.org/xsd/';
```

Dann geht es wie gehabt weiter – fast. Eine Methode wird beim Server registriert. Allerdings übergeben Sie die Ein- und Ausgabeparameter als Array. Der Datentyp wird dabei im Format `"xsd:Datentyp"` angegeben. Als vierten Parameter verwenden Sie den **soapinterop.org**-Namespace:

```
$soap->register(
   "jetzt",
   array("format" => "xsd:string"),
   array("uhrzeit" => "xsd:string"),
   "http://soapinterop.org/"
);
```

Abschließend wird der Server gestartet. Allerdings wird an dieser Stelle explizit abgefragt, ob `$HTTP_RAW_POST_DATA` einen Wert hat oder nicht, um eine PHP-Notice zu vermeiden. In Kürze werden Sie sehen, wieso:

```
$HTTP_RAW_POST_DATA = isset($HTTP_RAW_POST_DATA) ? $HTTP_
RAW_POST_DATA : "";
$soap->service($HTTP_RAW_POST_DATA);
```

Nun fehlt nur noch die (bereits hinlänglich bekannte) Methode `jetzt()`:

```
function jetzt($format) {
   if ($format == null || trim($format) == "") {
      return new soap_fault(
         "Client",
         "",
         "Datumsformat nicht angegeben!"
      );
   } else {
      return date($format);
   }
}
?>
```

Im Folgenden sehen Sie den kompletten Code, übersichtlich am Stück:

```
<?php
require_once "nusoap.php";

$soap = new soap_server;
$soap->configureWSDL("NuSOAPService", "http://web-
services.cc/");
```

```
$server->wsdl->schemaTargetNamespace = 'http://
soapinterop.org/xsd/';

$soap->register(
   "jetzt",
   array("format" => "xsd:string"),
   array("uhrzeit" => "xsd:string"),
   "http://soapinterop.org/"
);

$HTTP_RAW_POST_DATA = isset($HTTP_RAW_POST_DATA) ? $HTTP_
RAW_POST_DATA : "";
$soap->service($HTTP_RAW_POST_DATA);

function jetzt($format) {
   if ($format == null || trim($format) == "") {
      return new soap_fault(
         "Client",
         "",
         "Datumsformat nicht angegeben!"
      );
   } else {
      return date($format);
   }
}
?>
```

Listing 4.1 WSDL mit NuSOAP (nusoapwsdlserver1.php)

Nun zur Erklärung, warum `$HTTP_RAW_POST_DATA` auf jeden Fall gesetzt werden sollte: Wenn Sie dieses Skript mit dem Anhängsel **?wsdl** aufrufen, erhalten Sie – wie bei .NET auch – automatisch eine WSDL-Beschreibung.

> Erneut ein Bug-Alarm: Wenn Sie den Web Service im Browser aufrufen, erhalten Sie eine PHP-Notice (diese lässt sich leicht beheben) und zwei Warnungen. Wir hoffen, dass es in Zukunft eine korrigierte NuSOAP-Version geben wird.

> Unter **http://dietrich.ganx4.com/nusoap/testbed/round2_base_server.phps** stellt der NuSOAP-Entwickler ein Beispiel für einen WSDL-fähigen SOAP-Server zur Verfügung, bei dem auch komplexe Datentypen korrekt in WSDL abgebildet werden.

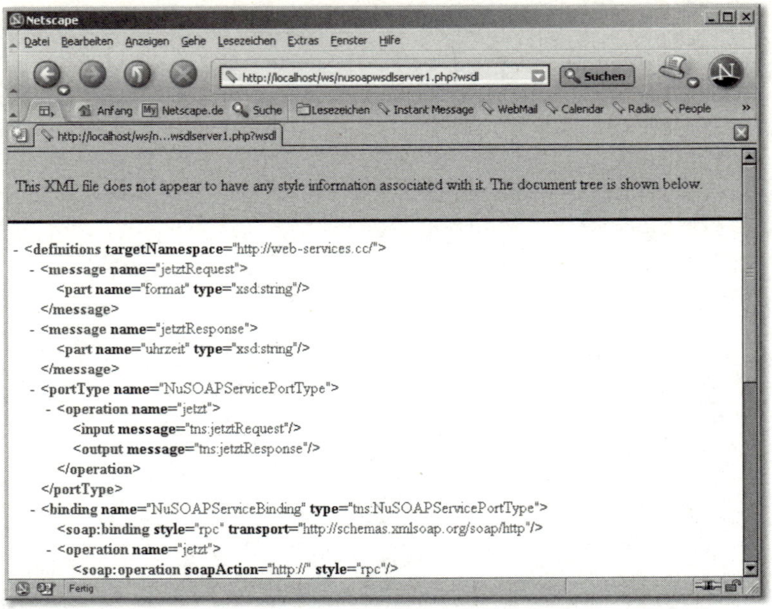

Abbildung 4.3 Automatisch erstelltes WSDL – mit NuSOAP

4.2.2 WSDL konsumieren

Das Konsumieren von WSDL ist mit NuSOAP sehr einfach. Wir gehen wieder schrittweise vor: Zunächst wird **nusoap.php** eingebunden:

```
<?php
require_once "nusoap.php";
```

Dann wird ein `soapclient`-Objekt erstellt. Als URL wird diesmal allerdings die WSDL-URL angegeben, und der zweite Parameter wird auf `true` gesetzt. Damit teilen Sie NuSOAP mit, dass Sie eine WSDL-Datei angegeben haben:

```
$soap = new soapclient(
  "http://localhost/ws/nusoapwsdlserver1.php?wsdl", true);
```

Nun kommt der Clou: Die Methode `getProxy()` liefert ein Proxy-Objekt. Das bedeutet, das Objekt verhält sich genauso wie der Web Service, inklusive aller Methoden:

```
$proxy = $soap->getProxy();
```

Die einzige Methode des Web Service ist `jetzt()`. Sie kann direkt als Methode von `$proxy` aufgerufen werden:

```
$ergebnis = $proxy->jetzt("H:i");
```

Dann wird das Ergebnis betrachtet. Ist ein Fehler aufgetreten, ist `$ergebnis["faultstring"]` definiert (und hat einen Wert ungleich `1` – eine Eigenheit von NuSOAP); ansonsten hat alles geklappt:

```
if (isset($ergebnis["faultstring"]) &&
          $ergebnis["faultstring"] != "1") {
   print "Fehler: " . $ergebnis["faultstring"];
} else {
   print "Aktuelle Uhrzeit: " . $ergebnis;
}
?>
```

In Abbildung 4.4 sehen Sie die Ausgabe des Skripts; Listing 4.2 zeigt den kompletten Quellcode.

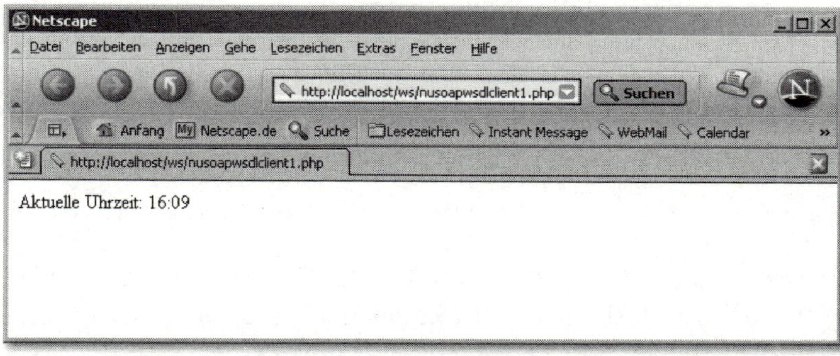

Abbildung 4.4 Die aktuelle Uhrzeit via NuSOAP und WSDL

```
<?php
require_once "nusoap.php";
$soap = new soapclient(
   "http://localhost/ws/nusoapwsdlserver1.php?wsdl", true);
$proxy = $soap->getProxy();
$ergebnis = $proxy->jetzt("H:i");
if (isset($ergebnis["faultstring"]) &&
          $ergebnis["faultstring"] != "1") {
   print "Fehler: " . $ergebnis["faultstring"];
} else {
   print "Aktuelle Uhrzeit: " . $ergebnis;
}
?>
```

Listing 4.2 Die aktuelle Uhrzeit mit WSDL (nusoapwsdlclient1.php)

4.2.3 .NET-Interoperabilität

Abschließend noch der Härtetest: Klappt das Ganze auch mit dem .NET-Web Service? Wie bereits erwähnt, befindet sich die WSDL-Beschreibung unter **http://www.hauser-wenz.net/playground/ws/Primzahlen.asmx?WSDL**. Hier sehen Sie ein Listing, das diese WSDL-Beschreibung einliest, eine Proxy-Klasse erstellt und bei zwei Zahlen überprüft, ob es Primzahlen sind oder nicht:

```
<?php
require_once "nusoap.php";
$soap = new soapclient(
   "http://www.hauser-wenz.net/playground/ws/
Primzahlen.asmx?WSDL", true);
$proxy = $soap->getProxy();
$ergebnis51 = $proxy->istPrimzahl(51);
$ergebnis53 = $proxy->istPrimzahl(53);
print "istPrimzahl(51): " . $ergebnis51;
print "<br />istPrimzahl(53): " . $ergebnis53;
?>
```

Listing 4.3 NuSOAP greift auf den .NET Web Service zu (nusoapwsdlclient2.php).

Das Ergebnis sehen Sie in Abbildung 4.5: Die Überprüfung scheitert leider, NuSOAP ist (noch) nicht .NET-kompatibel, und auch 53 wird nicht als Primzahl erkannt. Das liegt daran, dass trotz des .NET-WSDL-Dokuments keine `document/literal`-Anfrage gestellt wird.

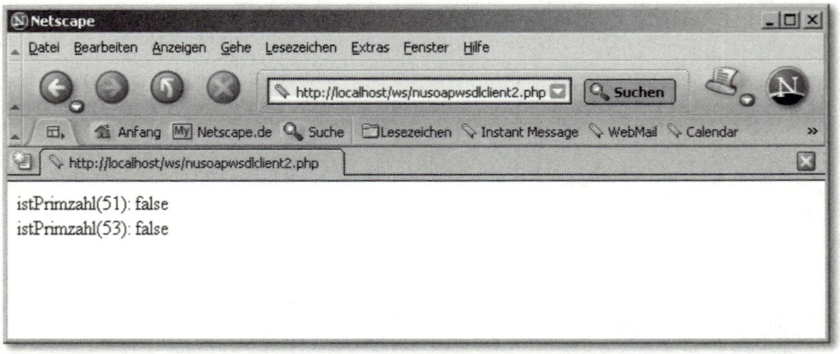

Abbildung 4.5 NuSOAP hat (noch) Probleme mit .NET-Web Services.

4.3 WSDL mit PEAR::SOAP

Auch PEAR::SOAP unterstützt das Anbieten und das Konsumieren von WSDL. Während das letzte Kapitel noch einige Mankos (insbesondere beim Umgang mit .NET) gezeigt hat, dient die WSDL-Unterstützung zur Ehrenrettung, denn hier ist PEAR::SOAP der NuSOAP-Konkurrenz überlegen.

4.3.1 WSDL erzeugen

Wir erzeugen das WSDL-Dokument mit PEAR::SOAP in drei Zeilen:

```
require_once "SOAP/Disco.php";
$disco = new SOAP_DISCO_Server($soap, "Bezeichnung");
print $disco->getWSDL();
```

Die drei Codezeilen erledigen dabei das Folgende:

1. Die Datei **SOAP/Disco.php** wird eingebunden.
2. Ein neues Objekt vom Typ `SOAP_DISCO_Server` wird erstellt.
3. Die Eigenschaft `getWSDL()` erzeugt den gewünschten WSDL-Code.

Bei DISCO handelt es sich um ein weiteres Kürzel, dessen Bedeutung sich Ihnen im nächsten Kapitel offenbaren wird. Sie verwenden das DISCO-Objekt allerdings schon an dieser Stelle, um die WSDL-Daten erzeugen zu können.

Um nun die .NET-Funktionalität nachbilden zu können, die WSDL automatisch ausgibt, wenn an die URL des Web Service **?wsdl** angehängt worden ist, müssen Sie zunächst eine entsprechende Abfrage implementieren. Wenn Daten per HTTP-POST an den Service geschickt werden, wird der Web Service wie gehabt gestartet; andernfalls werden die WSDL-Informationen ausgegeben:

```
if (isset($_SERVER["REQUEST_METHOD"]) &&
         $_SERVER["REQUEST_METHOD"] == "POST") {
   $soap->service($HTTP_RAW_POST_DATA);
} else {
   require_once "SOAP/Disco.php";
   $disco = new SOAP_DISCO_Server($soap, "Bezeichnung");
   if (isset($_SERVER["QUERY_STRING"]) &&
      strcasecmp($_SERVER["QUERY_STRING"], "wsdl") == 0) {
      header("Content-type: text/xml");
      print $disco->getWSDL();
   }
}
```

Damit das Ganze komplett funktioniert, müssen Sie zusätzlich den SOAP-Service ein wenig anpassen. Auf jeden Fall müssen Sie mit einer Dispatch-Map arbeiten. Diese muss einen vorgegebenen Namen haben, nämlich `__dispatch_map`, und als Variable innerhalb der Klasse deklariert sein:

```
class Service {
   var $__dispatch_map = array();
```

Im Konstruktor der Klasse wird die Eigenschaft `__dispatch_map` mit den Ein- und Ausgabeparametern gefüllt. Was ebenfalls neu ist: Sie müssen zusätzlich eine Methode `__dispatch()` deklarieren, die ein Element aus dem Array zurückliefert:

```
function __dispatch($methode) {
   if (isset($this->__dispatch_map[$methode])) {
       return $this->__dispatch_map[$methode];
   } else {
      return NULL;
   }
}
```

Die strikte Namensgebung ist Pflicht, um der WSDL-Funktionalität von PEAR::SOAP die Arbeit zu erleichtern.

Hier folgt ein komplett lauffähiges Beispiel, das in den schon mehrfach eingesetzten Uhrzeit-Web-Service eingebettet ist:

```
<?php
class Service {
   var $__dispatch_map = array();

   function Service() {
      $this->__dispatch_map["jetzt"] =
         array("in"  => array("format"  => "string"),
               "out" => array("uhrzeit" => "string"));
   }

   function __dispatch($methode) {
      if (isset($this->__dispatch_map[$methode])) {
          return $this->__dispatch_map[$methode];
      } else {
         return NULL;
      }
```

```
   }

   function jetzt($format) {
      if ($format == null || trim($format) == "") {
         return new SOAP_
Fault("Kein Parameter angegeben", "0815");
      } else {
         return date($format);
      }
   }
}

require_once "SOAP/Server.php";

$soap = new SOAP_Server();
$server->_auto_translation = true;

$service = new Service();
$soap->addObjectMap($service, "urn:soapservice");

if (isset($_SERVER["REQUEST_METHOD"]) &&
          $_SERVER["REQUEST_METHOD"] == "POST") {
   $soap->service($HTTP_RAW_POST_DATA);
} else {
   require_once "SOAP/Disco.php";
   $disco = new SOAP_DISCO_Server($soap, "Bezeichnung")
   if (isset($_SERVER["QUERY_STRING"]) &&
      strcasecmp($_SERVER["QUERY_STRING"], "wsdl") == 0) {
      header("Content-type: text/xml");
      print $disco->getWSDL();
   }
}
?>
```

Listing 4.4 Der PEAR-Web-Service mit WSDL-Generierung (pearwsdlserver1.php)

Abbildung 4.6 zeigt die Ausgabe im Webbrowser, wenn Sie das Skript mit **?wsdl** in der URL aufrufen.

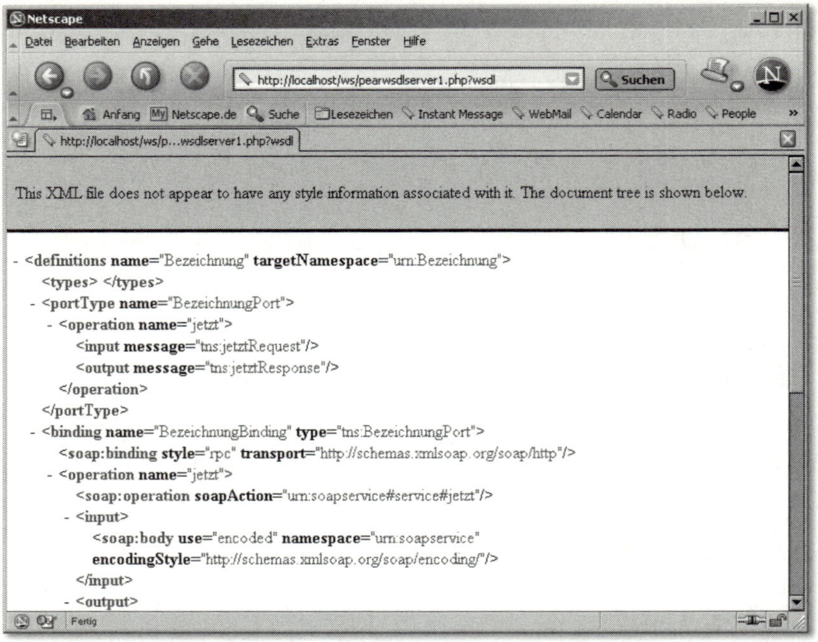

Abbildung 4.6 Das von PEAR::SOAP erzeugte WSDL

4.3.2 WSDL konsumieren

Wie schon bei NuSOAP ist auch bei PEAR::SOAP das Erstellen einer Proxy-Klasse nicht aufwändig. Sie erzeugen ein neues Objekt vom Typ SOAP_WSDL und übergeben als Parameter die URL der WSDL-Beschreibung des Web Service:

```
$wsdl = new SOAP_WSDL(
   "http://localhost/ws/pearwsdlserver1.php?wsdl");
```

Die Proxy-Klasse wird mit der Methode `getProxy()` erzeugt:

```
$proxy = $wsdl->getProxy();
```

Abschließend kann die Proxy-Klasse wie gewünscht genutzt werden: Alle Methoden des Web Service sind Methoden der Klasse. Lediglich bei der Fehlerbehandlung gibt es etwas zu beachten. Es ist eine der Voraussetzungen für jedes PEAR-Paket, dass das PEAR-Error-Handling verwendet wird.[1] Also müssen Sie mit `PEAR::isError()` auf Fehler prüfen:

1 Um genau zu sein: Es heißt, ein konsistentes Error-Handling soll verwendet werden – aber PEAR-Pakete ohne PEAR-Error-Handling werden von der PEAR-Community schlicht abgelehnt.

```
$ergebnis = $proxy->jetzt("H:s");
if (PEAR::isError($ergebnis)) {
    print "Fehler: " . $ergebnis->getMessage();
} else {
    print "Aktuelle Uhrzeit: " . $ergebnis;
}
```


Nachfolgend der komplette Code – wie Sie sehen, ist er erfreulich kurz:

```
<?php
require_once "SOAP/Client.php";

$wsdl = new SOAP_WSDL(
   "http://localhost/ws/pearwsdlserver1.php?wsdl");
$proxy = $wsdl->getProxy();

$ergebnis = $proxy->jetzt("H:s");
if (PEAR::isError($ergebnis)) {
    print "Fehler: " . $ergebnis->getMessage();
} else {
    print "Aktuelle Uhrzeit: " . $ergebnis;
}
?>
```

Listing 4.5 PEAR::SOAP erstellt einen WSDL-Proxy (pearwsdlclient1.php)

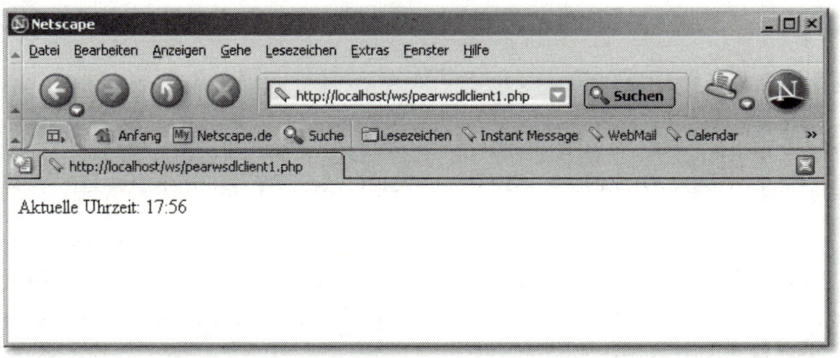

Abbildung 4.7 Das Ergebnis des Web Service – mit WSDL so schnell wie nie

4.3.3 .NET-Interoperabilität

Zum Abschluss zeigen wir nach der ganzen Pflicht auch für PEAR::SOAP wieder die Kür: die Abfrage eines .NET-Web Service. Analog zu früheren Beispielen wird der Primzahl-Web-Service per WSDL aufgerufen und ausgeführt:

```
<?php
require_once "SOAP/Client.php";
$wsdl = new SOAP_WSDL(
   "http://localhost/ws/pearwsdlserver1.php?wsdl");
$proxy = $wsdl->getProxy();
$ergebnis51 = $proxy->istPrimzahl(51);
$ergebnis53 = $proxy->istPrimzahl(53);
print "istPrimzahl(51): " . $ergebnis51;
print "<br />istPrimzahl(53): " . $ergebnis53;
?>
```

Listing 4.6 PEAR::SOAP greift auf den .NET Web Service zu (pearwsdlclient2.php).

- Das (erfreuliche) Ergebnis sehen Sie in Abbildung 4.8: Der Web Service wird korrekt aufgerufen, und die richtigen Ergebnisse kommen zurück.

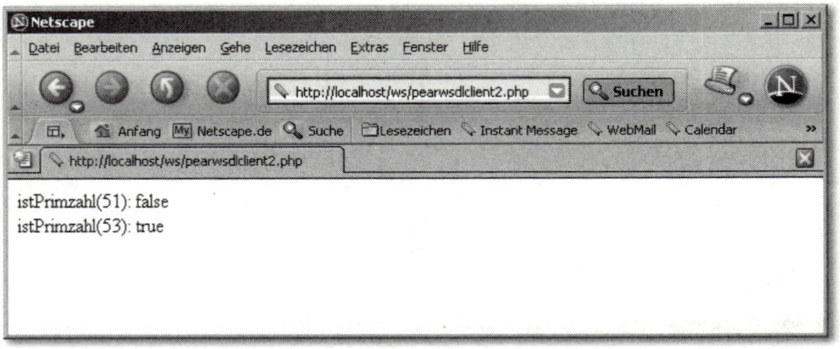

Abbildung 4.8 PEAR::SOAP ruft den .NET-Web Service korrekt auf.

Damit ist als Fazit festzustellen: Wenn Sie mit einem .NET-Web Service arbeiten (müssen), stehen Ihnen die folgenden Möglichkeiten zur Verfügung:

- Entweder arbeiten Sie mit NuSOAP und `document/literal`; den SOAP-Aufruf stellen Sie dabei, wie im letzten Kapitel gezeigt, »von Hand« zusammen.
- Oder Sie verwenden WSDL, dann ist PEAR::SOAP das geeignete PHP-Paket.

5 Verzeichnisdienste

5 Verzeichnisdienste

Berühmt bist du, wenn dein Name überall steht, nur nicht im Telefonbuch.
– Henry Fonda

Sind die ersten Implementierungsschwierigkeiten erst einmal überwunden, besteht der nächste Schritt bei der Veröffentlichung eines Web Service darin, ihn auch bekannt zu machen. Für Websites gibt es Suchmaschinen, für Web Services Verzeichnisdienste. In diesem Kapitel werden diese vorgestellt, und wir untersuchen, inwieweit PHP hierfür bereits eine sinnvolle Unterstützung anbietet.

5.1 DISCO

Das Kürzel »DISCO« verlockt dazu, mehr oder weniger komische Assoziationen mit den Bee Gees, John Travolta oder den Village People herzustellen. Im Gegensatz zu fast allen Kürzeln aus dem Bereich der Web Services handelt es sich hierbei nicht um ein Akronym, also eine Abkürzung, bei der jeder Buchstabe für einen Begriff steht. Statt dessen ist DISCO schlichtweg eine Kurzform für »Discovery«, also Entdeckung.

Der Sinn von DISCO ist es, auf WSDL-Informationen über Web Services zu verweisen und zusätzliche Informationen über einen Web Service anzubieten. Das klingt kompliziert, ist aber tatsächlich sehr einfach: Via DISCO sind zweierlei Daten über einen Web Service verfügbar: zum einen die URL des alles entscheidenden WSDL-Dokuments, zum anderen ein Verweis auf zusätzliche Informationen über den Dienst, beispielsweise eine HTML-Seite, auf der alle Schnittstellen dargelegt und dokumentiert worden sind.

Das Zuhause dieses Kürzels ist die Microsoft-Zentrale in Redmond. Web Services sind eines der Standbeine der .NET-Strategie des Software-Riesen. Der Kern von .NET ist das ».NET Framework«, das unter anderem eine umfangreiche Klassenbibliothek beinhaltet. Mit diesem Framework können .NET-Programme erstellt werden, die dann auf einem anderen Rechner ausgeführt werden können – sofern auch auf diesem das .NET Framework installiert ist. Ein Vergleich zu Java drängt sich auf: Java-Programme laufen überall dort, wo ein Java Runtime Environment (JRE) vorhanden ist.

Ein Teil des .NET Frameworks ist beispielsweise ein Programm namens **disco.exe**, das laut Dokumentation URLs von Web Services auf einem Web Server sucht und zugehörige Dokumente lokal abspeichert.[1] Ein möglicher Aufruf des Programms sieht wie folgt aus:

```
disco http://www.web-services.cc/default.disco
```

Das Tool ruft die **.disco**-Datei auf, analysiert sie und speichert dann unter anderem eine **.wsdl**-Datei auf der lokalen Festplatte.

5.1.1 DISCO en detail

Wie sieht eine solche DISCO-Datei aus? Hier ein Beispiel:

```
<disco:discovery
   xmlns:disco="http://schemas.xmlsoap.org/disco/"
   xmlns:scl="http://schemas.xmlsoap.org/disco/scl/">
   <disco:discoveryRef
      ref="http://www.web-services.cc/service.disco"/>
   <scl:contractRef ref="service.wsdl"
      docRef="service.html"/>
</disco:discovery>
```

Sehen wir uns die Einträge der Reihe nach an. Der äußere Rahmen der DISCO-Datei besteht aus dem `<discovery>`-Element:

```
<disco:discovery
   xmlns:disco="http://schemas.xmlsoap.org/disco/"
   xmlns:scl="http://schemas.xmlsoap.org/disco/scl/">
   <!-- ... -->
</disco:discovery>
```

Als Namespaces werden der DISCO-Namespace (**http://schemas.xml-soap.org/disco/**) sowie SCL (**http://schames.xmlsoap.org/scl/**) eingebunden.

> Wie es bei Namespaces häufig der Fall ist führt es zu nichts, ihre URLs im Webbrowser »auf Verdacht« aufzurufen – in beiden Fällen liefert der Webserver eine 404-Fehlermeldung zurück (Datei nicht gefunden). Der Namespace ist eben nur ein Identifikator, um Inhalte zuordnen zu können.

1 Nähere Informationen zur Bedienung von disco.exe liefert Microsoft unter **http://library/en-us/cptools/html/cpgrfwebservicesdiscoverytooldisco-exe.asp**.

Innerhalb des `<discovery>`-Elements können weitere **.disco**-Dateien referenziert werden, wie im Beispiel gezeigt:

```
<disco:discoveryRef
   ref="http://www.web-services.cc/service.disco"/>
```

Eine Haupt-DISCO-Datei kann also Referenzen auf alle weiteren DISCO-Dateien auf dem Webserver enthalten.

Von besonderem Interesse sind allerdings die `contractRef`-Elemente in der Datei, die dem SCL-Namespace angehören. Diese weisen zwei Attribute auf:

- `docRef`: Verweis auf ein Dokument mit allgemeinen Informationen über den Web Service, beispielsweise auf ein HTML-Dokument
- `ref`: Verweis auf die zum Web Service gehörende WSDL-Datei

```
<scl:contractRef ref="service.wsdl"
   docRef="service.html"/>
```

Im gezeigten Beispiel heißt die WSDL-Datei also **service.wsdl**, und die dazugehörige HTML-Dokumentation befindet sich im Dokument **service.html**.

> Der Ursprung dieser beiden Elemente liegt vermutlich an einer Besonderheit von ASP.NET, der Web-Skript-Komponente von .NET. Ein Web Service hat die Dateiendung **.asmx**. Der Clou: Wird eine **.asmx**-Datei direkt im Webbrowser aufgerufen (also per HTTP, ganz ohne SOAP), so generiert .NET vollautomatisch eine HTML-Beschreibungsdatei mit Informationen über den Web Service, mit den APIs und sogar mit einer Testmöglichkeit. Wohl gemerkt: Der Ersteller des Web Service hat sich hierum gar nicht kümmern müssen – das wurde von .NET automatisch gemacht. Eine solche Seite sehen Sie in Abbildung 5.1. Das Besondere ist jedoch: Wird an die URL der .asmx-Datei ein **?WSDL** angehängt, wird – ebenfalls vollautomatisch – die zugehörige WSDL-Datei erzeugt. Ein Skript erzeugt also, weitestgehend automatisch, zwei verschiedene Informationsdateien, und das DISCO-Format aggregiert diese Daten.

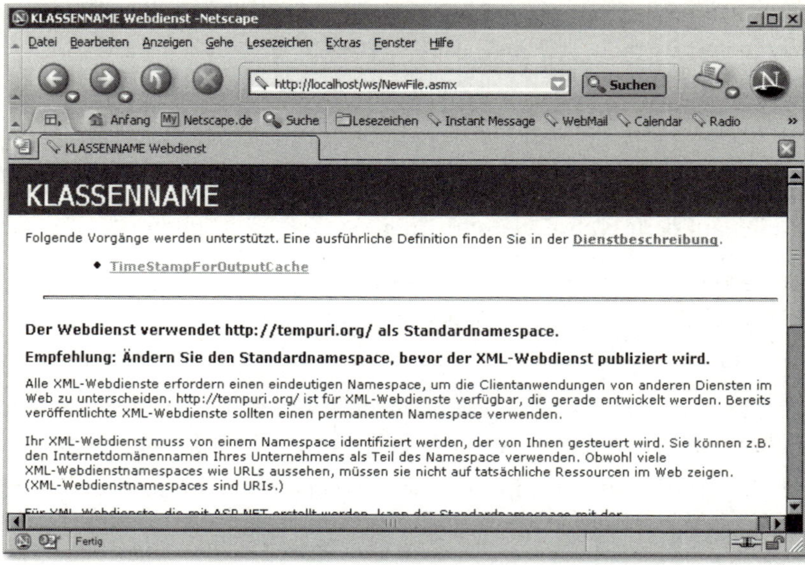

Abbildung 5.1 Automatisch generierte Web-Service-Infos (unter .NET)

Wie Shane Caraveo (Entwickler von PEAR::SOAP) einmal bemerkte[2], ist sich Microsoft offenbar mit seiner Definition auch nicht so sicher. So heißt es unter **http://msdn.microsoft.com/library/en-us/cpref/html/frlrfsystemwebservicesdiscoverycontractreferenceclassdocreftopic.asp**, das `docRef`-Attribut enthalte eine URL zu einem Web Service, der den im `ref`-Attribut beschriebenen Dienst implementiere, `docRef` enthalte also den Web Service selbst. Im MSDN Magazine (**http://msdn.microsoft.com/msdnmag/issues/02/02/xml/xml0202.asp**) ist aber davon die Rede, dass im `docRef`-Attribut Informationen über den Web Service stehen müssen.

Ein schwieriges Thema also, allerdings scheint sich Folgendes durchzusetzen: `ref` enthält die WSDL-Beschreibung, `docRef` eine allgemeine Beschreibung, die keiner besonderen Form genügen muss.

Eine DISCO-Datei kann nicht nur Informationen über einen Web Service enthalten, sondern auch gleich über mehrere. Der Hintergrund – zumindest gedanklicher Natur – ist das Microsoft-Tool **disco.exe**, das auch funktioniert, wenn nicht direkt eine **.disco**-URL angegeben wird:

```
disco http://www.web-services.cc/
```

2 In einem Vortrag bei der PHP Con 2002 in New York, siehe **http://talks.php.net/show/soap-phpcon-ny2003/27**.

Das Tool sucht nämlich nach einer Datei **default.disco** und wertet diese gegebenenfalls aus – so auch in diesem Fall.

Die PHP-Unterstützung für DISCO ist noch relativ mager. Wie Sie bereits in Kapitel 4 sehen konnten, ist PEAR::SOAP immerhin dazu in der Lage, automatisch WSDL zu erzeugen, und zwar über die Klasse `SOAP_DISCO_Server`. Der Name deutet es bereits an: Damit können wohl auch DISCO-Dateien generiert werden. Um die folgenden Beispiele nachzuvollziehen, benötigen Sie also in der Tat nur ein funktionstüchtiges PEAR::SOAP.

5.1.2 DISCO mit PEAR::SOAP

Die DISCO-Funktionalität in PEAR::SOAP befindet sich im PEAR-Verzeichnis in der Datei **Disco.php** und stammt ursprünglich von Dmitri Vinogradov. Die in dieser Datei definierte Klasse `SOAP_DISCO_Server` erbt von `SOAP_Base_Object`, die prinzipielle Ansteuerung ist also ähnlich. Diese Klasse dreht sich aber mitnichten nur um DISCO allein; wie Sie in Kapitel 4 gesehen haben, wird damit auch der WSDL-Code erzeugt.

Das einzig Neue an dieser Stelle: Die Methode `getDisco()` liefert eine DISCO-Beschreibung des Webdienstes zurück. Der entsprechende Code in der Datei **Disco.php** ist erfreulich kurz: Es wird die Funktion `_generate_DISCO()` aufgerufen, die wie folgt aussieht (Stand: PEAR::SOAP 0.80):

```
function _generate_DISCO()
{
   # DISCO
   $this->_
disco['disco:discovery']['attr']['xmlns:disco'] = SCHEMA_
DISCO;
   $this->_
disco['disco:discovery']['attr']['xmlns:scl'] = SCHEMA_
DISCO_SCL;
   $this->_
disco['disco:discovery']['scl:contractRef']['attr']['ref'] =
      (array_key_exists('HTTPS',$_SERVER) && $_
SERVER['HTTPS']=='on')
      ? 'https://' . $this->host . $_SERVER['PHP_
SELF'] . '?wsdl'
      : 'http://'  . $this->host . $_SERVER['PHP_
```

```
SELF'] . '?wsdl';

    # generate disco xml
    $this->_generate_DISCO_XML($this->_disco);
}
```

Das heißt, es wird eine XML-Datei erzeugt, in der das `ref`-Attribut des `<contractRef>`-Elements auf die WSDL-Datei des aktuellen Dienstes gezogen wird – nämlich auf das PHP-Skript (`$_SERVER['PHP_SELF']`) plus Anhängsel **?wsdl**. Natürlich muss dann auch dieser Parameter im Web Service abgefragt werden.

Eine Möglichkeit, dies zu realisieren, besteht im folgenden Vorgehen:

- Wird der Web Service per GET ohne den Querystring **?wsdl** aufgerufen, dann wird die DISCO-Beschreibung zurückgegeben.
- Wird der Web Service per GET mit dem Querystring **?wsdl** aufgerufen, wird die WSDL-Beschreibung ermittelt.
- Wird der Web Service per POST aufgerufen, so wird der Web Service ausgeführt.

Hier der entsprechende Code (als Fragment):

```
$soap = new SOAP_Server;

// ...

if (isset($_SERVER['REQUEST_METHOD']) &&
    strtoupper($_SERVER["REQUEST_METHOD"]) == "POST") {
    //POST-Daten, also Web Service ausführen
    $soap->service($HTTP_RAW_POST_DATA);
} else {
    //Web Service nicht ausführen, also XML ausgeben
    header("Content-type: text/xml");
    require_once 'SOAP/Disco.php';
    $disco = new SOAP_DISCO_
Server($soapserver, "Servicename");
    if (isset($_SERVER["QUERY_STRING"]) && ($_SERVER["QUERY_
STRING"] == "wsdl") {
        //?wsdl, also WSDL ausgeben
        print $disco->getWSDL();
    } else {
```

```
        //kein ?wsdl, also DISCO ausgeben
        print $disco->getDISCO();
    }
    exit;
}
```

Listing 5.1 Unterscheidung nach DISCO und WSDL (disco1.php)

Trotz der eher geringen Funktionalität ist es nicht von der Hand zu weisen, dass der Code dennoch praktisch ist. Mit dem oben gezeigten Fragment, das von dem DISCO-Server-Beispiel[3] als Teil von PEAR::SOAP inspiriert ist, können innerhalb einer Datei dreierlei Dinge erledigt werden: WSDL wird erzeugt, DISCO wird erzeugt, und der Web Service an sich wird ausgeführt. Damit ist in etwa ein Äquivalent zu .NET geschaffen, denn auch hier kann alles innerhalb einer (**.asmx**)-Datei erledigt werden. Es gibt jedoch eine Ausnahme: Bei .NET stehen die DISCO-Informationen in einer externen Datei.

Schön wäre es freilich, wenn man selbst noch Informationen über den Web Service angeben könnte, also das **docRef**-Attribut setzen könnte. Dies wird in PEAR::SOAP nicht angeboten. Das heißt, in diesem Fall muss eine solche DISCO-Datei selbst erzeugt werden. Aber auch hier gibt es einen möglichen Ausweg, der wieder über den Querystring geht. Wird als URL-Parameter **?info** angegeben, so werden Informationen über den Web Service verraten:

```
$soap = new SOAP_Server;

// ...

if (isset($_SERVER['REQUEST_METHOD']) &&
    strtoupper($_SERVER["REQUEST_METHOD"]) == "POST") {
    //POST-Daten, also Web Service ausführen
    $soap->service($HTTP_RAW_POST_DATA);
} else {
    require_once 'SOAP/Disco.php';
    $disco = new SOAP_DISCO_
Server($soapserver, "Servicename");
    if (isset($_SERVER["QUERY_STRING"]) && ($_SERVER["QUERY_
STRING"] == "wsdl") {
        //?wsdl, also WSDL ausgeben
```

3 Es befindet sich als Datei **disco_server.php** bei den Beispielen, die als Teil von PEAR::SOAP mitinstalliert werden.

```
        header("Content-type: text/xml");
        print $disco->getWSDL();
    } elseif (isset($_SERVER["QUERY_STRING"]) &&
($_SERVER["QUERY_STRING"] == "info") {
        //?info, also Infos ausgeben
        print "<html><body>Infos ...</body></html>";
    } else {
        //kein ?wsdl, also DISCO ausgeben
        header("Content-type: text/xml");
        print $disco->getDISCO();
    }
    exit;
}
```

Listing 5.2 DISCO, WSDL und Beschreibung (disco2.php)

Allerdings wird der Verweis auf die Informationsbeschreibung immer noch nicht im DISCO-Dokument ausgegeben. Dazu muss die Funktion `_generate_DISCO()`in der PEAR::SOAP-Datei **Disco.php** wie folgt geändert werden (Neuerungen sind halbfett hervorgehoben):

```
function _generate_DISCO()
{
    # DISCO
    $this->_
disco['disco:discovery']['attr']['xmlns:disco'] = SCHEMA_
DISCO;
    $this->_
disco['disco:discovery']['attr']['xmlns:scl'] = SCHEMA_
DISCO_SCL;
    $this->_
disco['disco:discovery']['scl:contractRef']['attr']['ref']
=
        (array_key_exists('HTTPS',$_SERVER) && $_
SERVER['HTTPS']=='on')
        ? 'https://' . $this->host . $_SERVER['PHP_
SELF'] . '?wsdl'
        : 'http://'  . $this->host . $_SERVER['PHP_
SELF'] . '?wsdl';
    $this->_
disco['disco:discovery']['scl:contractRef']['attr']['docRef'
] =
```

```
        (array_key_exists('HTTPS',$_SERVER) && $_SER-
VER['HTTPS']=='on')
        ? 'https://' . $this->host . $_SERVER['PHP_
SELF'] . '?info'
        : 'http://'  . $this->host . $_SERVER['PHP_
SELF'] . '?info';

    # generate disco xml
    $this->_generate_DISCO_XML($this->_disco);
}
```

Diese Erweiterung ist von den Autoren zur Aufnahme in PEAR::SOAP vorgeschlagen worden, eine Antwort hierzu steht allerdings noch aus. Zum Erscheinungstermin dieses Buches ist sie womöglich schon umgesetzt oder auch abgelehnt worden; im letzteren Falle können Sie natürlich selbst den Code im Verzeichnis **PEAR/SOAP** anpassen.

5.2 UDDI

Während DISCO nur Informationen über einen Web Service liefern kann, bei der Suche nach Web Services aber eher unnütz ist, verhält es sich bei UDDI schon anders. Hierbei handelt es sich tatsächlich um ein Akronym, sprich: Jeder Buchstabe steht für ein Wort. Bei UDDI lautet die ausgeschriebene Form »Universal Description, Discovery and Integration«. Hierbei handelt es sich um ein Protokoll, das die Beschreibung (description), das Auffinden (discovery) und die Verwendung (hier: integration) von Web Services ermöglicht. Auch UDDI wurde von Microsoft ersonnen, und zwar bereits Anfang 2000. Dies war allerdings kein Alleingang der Redmonder, sondern Ariba und IBM waren gleichermaßen beteiligt. September 2000 wurde schließlich UDDI 1.0 veröffentlicht, die Nachfolgeversion 2.0 erschien im Juni 2001. An ihr waren weit mehr namhafte Firmen beteiligt, beispielsweise Accenture, Fujitsu, HP, Intel, Sun und VeriSign. Seit Juli 2002 gibt es auch die UDDI-Version 3.0, die allerdings noch kaum verwendet wird, weswegen sich diese Ausführungen zurzeit noch auf Version 2.0 beschränken.

Worum geht es? Ein Hauptelement von UDDI sind die Universal Business Registries, kurz UBRs. Dabei handelt es sich um Verzeichnisse öffentlicher Web Services. Unter anderem unterhalten neben Microsoft und IBM auch Firmen wie SAP und NTT-Com einzelne Registries.

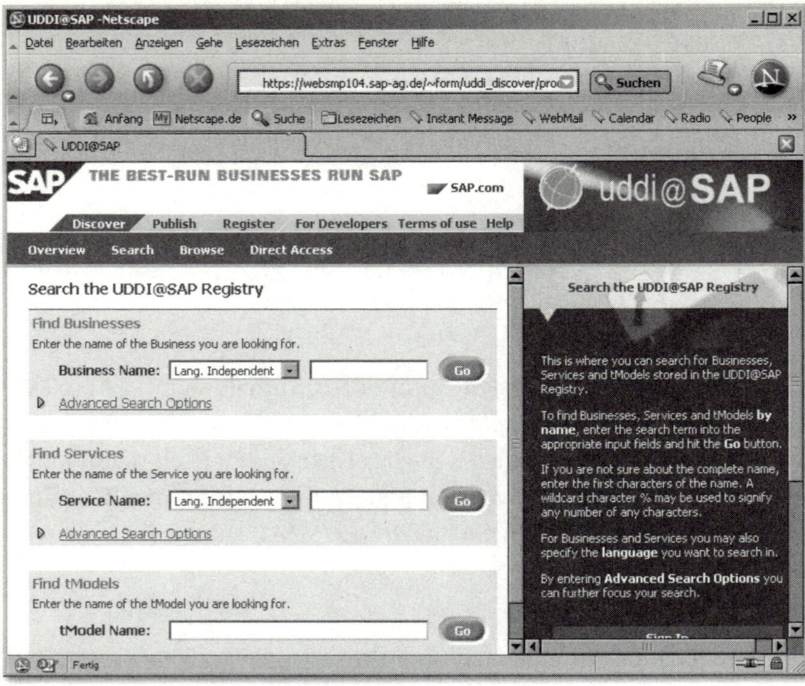

Abbildung 5.2 Die UDDI-Registry bei SAP (http://uddi.sap.com/)

5.2.1 UDDI en detail

Um UDDI besser zu verstehen, sollten Sie einen genaueren Blick auf die XML-Schema-Definition von UDDI werfen. Aufgrund der zurzeit mangelhaften Verbreitung von UDDI 3.0 verwenden wir an dieser Stelle UDDI 2.0, dessen XSD-Definition unter **http://www.uddi.org/schema/uddi_v2.xsd** zu finden ist. Es gibt übrigens auch Unterversionen der einzelnen UDDI-Generationen, in denen kleinere Fehler korrigiert worden sind; beispielsweise gibt es seit Mitte 2002 die UDDI-Version 2.04 (siehe **http://uddi.org/pubs/ProgrammersAPI-V2.04-Published-20020719.htm**).

Sehen wir uns zunächst die Datenstrukturen an. Wie in Abbildung 5.2 zu sehen ist, kann bei der Registry nach **Businesses**, **Services** und **tModels** gesucht werden. Diese Strukturen sind natürlich auch im UDDI-Schema abgebildet. Hier finden Sie die Business-Informationen; das zugehörige Element für ein »Business« (also eine Firma) heißt `businessEntity` und sieht folgendermaßen aus:

```
<xsd:complexType name="businessEntity">
   <xsd:sequence>
```

```
    <xsd:element ref="uddi:discoveryURLs" minOccurs="0" />
    <xsd:element ref="uddi:name" maxOccurs="unbounded" />
    <xsd:element ref="uddi:description" minOccurs="0"
     maxOccurs="unbounded" />
    <xsd:element ref="uddi:contacts" minOccurs="0" />
    <xsd:element ref="uddi:businessServices"
     minOccurs="0" />
    <xsd:element ref="uddi:identifierBag" minOccurs="0" />
    <xsd:element ref="uddi:categoryBag" minOccurs="0" />
  </xsd:sequence>
  <xsd:attribute name="businessKey" type="uddi:businessKey"
   use="required" />
  <xsd:attribute name="operator" type="string"
   use="optional" />
  <xsd:attribute name="authorizedName" type="string" use="o
ptional" />
</xsd:complexType>
```

Ein Business-Eintrag wird also durch einen Namen (`name`) und eine Beschreibung (`description`) identifiziert. Erst ab UDDI 3.0 ist eine Signatur möglich. Ebenfalls notwendig ist eindeutiger Schlüssel (`businessKey`) in einem der beiden folgenden Formate:

- Als GUID[4]: `uddi:11111111-2222-3333-4444-555555555555555`
- Als Schlüssel im Format `uddi:web-services.cc:demoService` (also `uddi:<Domain>:<Servicename>`)

Die Wahl ist prinzipiell freigestellt; im UDDI-Schema ist `businessKey` lediglich als String ohne besondere Einschränkungen festgelegt:

```
<xsd:simpleType name="businessKey">
  <xsd:restriction base="string" />
</xsd:simpleType>
```

Wichtig ist vor allem, dass der Schlüssel eindeutig ist, nicht nur innerhalb der eigenen Web Services, sondern insgesamt innerhalb der kompletten UBR. Bei Schlüsseln für einzelne Dienste ist das Format `uddi:<Domain>:<Servicename>` eine gute Wahl, bei Businesses ist wohl eher eine GUID vorzuziehen.

Auch im Bereich Schlüssel hat sich in UDDI 3 etwas geändert: Dort ist das `businessKey`-Attribut jetzt optional.

4 Globally Unique IDentifier, in diesem Fall eine 36-stellige Hexadezimal-Zeichenkette

Diese vielen Änderungen sind mit ein Grund dafür, dass die meisten Registries noch nicht auf UDDI 3.0 umgestellt haben.

Es ist also möglich, nach diesen Daten bei einer UDDI zu suchen, wobei die Felder für den Namen und die Beschreibung wohl vom größten Interesse sind.

Die Suche nach einem Service wird in dem UDDI-Schema durch das Element `businessService` abgebildet. Dieses sieht wie folgt aus:

```
<xsd:complexType name="businessService">
   <xsd:sequence>
      <xsd:element ref="uddi:name" minOccurs="0"
       maxOccurs="unbounded" />
      <xsd:element ref="uddi:description" minOccurs="0"
       maxOccurs="unbounded" />
      <xsd:element ref="uddi:bindingTemplates"
       minOccurs="0" />
      <xsd:element ref="uddi:categoryBag" minOccurs="0" />
   </xsd:sequence>
   <xsd:attribute name="serviceKey" type="uddi:serviceKey"
    use="required" />
   <xsd:attribute name="businessKey" type="uddi:businessKey"
    use="optional" />
</xsd:complexType>
```

Auch ein Dienst besteht also aus einem Namen (`name`) und einer Beschreibung (`description`), wonach sich vortrefflich suchen lässt. Die Identifikation des Dienstes läuft über das Pflichtattribut `businessKey`, die Zuordnung zu einem `businessEntity`-Element kann über das Attribut `businessKey` realisiert werden. Auch hier gibt es wieder die obligatorische UDDI-3.0-Änderung: In dieser Version ist `serviceKey` jetzt optional.

Die dritte Suchmöglichkeit fahndet nach so genannten »tModels«. Bei einem tModel handelt es sich um eine Datenstruktur, die einen Servicetyp repräsentiert. Hier ein Beispiel: `uddi-org:http` ist ein Servicetyp, der für Web Services steht, die via HTTP oder im Webbrowser ablaufen. Der entsprechende Auszug aus der XSD-Definition für UDDI 2.0 sieht so aus:

```
<xsd:complexType name="tModel">
   <xsd:sequence>
      <xsd:element ref="uddi:name" />
```

```
      <xsd:element ref="uddi:description" minOccurs="0"
       maxOccurs="unbounded" />
      <xsd:element ref="uddi:overviewDoc" minOccurs="0" />
      <xsd:element ref="uddi:identifierBag" minOccurs="0" />
      <xsd:element ref="uddi:categoryBag" minOccurs="0" />
   </xsd:sequence>
   <xsd:attribute name="tModelKey" type="uddi:tModelKey"
    use="required" />
   <xsd:attribute name="operator" type="string"
    use="optional" />
   <xsd:attribute name="authorizedName" type="string"
    use="optional" />
</xsd:complexType>
```

Auch ein tModel-Element enthält (gut durchsuchbare) Angaben über Namen und Beschreibung sowie ein Pflichtattribut als Primärschlüssel, diesmal vom Typ tModelKey (das wie zuvor ein String ist).

Wie werden aber all diese Informationen und Angaben zusammengebracht, also der Service selbst, sein tModel sowie weitere wichtige Informationen? Dies übernimmt das Element bindingTemplate, das im XML-Schema wie folgt definiert ist:

```
<xsd:complexType name="bindingTemplate">
   <xsd:sequence>
      <xsd:element ref="uddi:description" minOccurs="0"
       maxOccurs="unbounded" />
      <xsd:choice>
         <xsd:element ref="uddi:accessPoint" />
         <xsd:element ref="uddi:hostingRedirector" />
      </xsd:choice>
      <xsd:element ref="uddi:tModelInstanceDetails" />
   </xsd:sequence>
   <xsd:attribute name="serviceKey" type="uddi:serviceKey"
    use="optional" />
   <xsd:attribute name="bindingKey" type="uddi:bindingKey"
    use="required" />
</xsd:complexType>
```

Neben einer Service-Beschreibung (description) wird entweder ein Eintrittspunkt (accessPoint) oder eine Weiterleitung (hostingRedirector) angeboten. Außerdem wird auf den entsprechenden tModel-Eintrag verwiesen. Als optionale Attribute stehen serviceKey (Verweis auf das `businessService`-Element) und `bindingKey` (Primärschlüssel, vor UDDI 3.0 Pflichtattribut) zur Verfügung.

5.2.2 UDDI abfragen

UDDI funktioniert auf Basis von SOAP-Aufrufen. Per SOAP wird eine Anfrage an eine UDDI-Registry gestellt, per SOAP kommt eine Antwort. Zum Abfragen stehen diverse Schnittstellen zur Verfügung, die so genannten **Inquiry APIs**. Im Folgenden werden diese alphabetisch aufgeführt und beschrieben. Dabei gelten die üblichen Regeln für Funktionsrümpfe: Parameter in eckigen Klammern sind optional; Standardwerte sind mit `="Wert"` direkt hinter den entsprechenden Attributen angegeben.

- `find_binding`: Sucht Bindings innerhalb eines `businessService`-Elements.

```
<find_binding serviceKey="uuid_
key" [maxRows="nn"] generic="2.0"
              xmlns="urn:uddi-org:api_v2" >
   [<findQualifiers/>]
   <tModelBag/>
</find_binding>
```

- `find_business`: Sucht nach `businessEntity`-Elementen.

```
<find_business [maxRows="nn"] generic="2.0"
              xmlns="urn:uddi-org:api_v2" >
   [<findQualifiers/>]
   [<name/> [<name/>]...]
[<discoveryURLs/>]
[<identifierBag/>]
[<categoryBag/>]
[<tModelBag/>]
</find_business>
```

- `find_relatedBusinesses`: Sucht verwandte `businessEntity`-Elemente; als Parameter wird ein `businessKey` angegeben.

```
<find_relatedBusinesses [maxRows="nn"] generic="2.0"
              xmlns="urn:uddi-org:api_v2" >
   [<findQualifiers/>]
   <businessKey/>
   [<keyedReference/>]
</find_relatedBusinesses>
```

- find_service: Sucht businessService-Elemente.

```
<find_service [businessKey="uuid_key"] " [maxRows="nn"]
   generic="2.0"
   xmlns="urn:uddi-org:api_v2" >
   [<findQualifiers/>]
   [<name/> [<name/>]...]
   [<categoryBag/>]
   [<tModelBag/>]
</find_service>
```

- find_tModel: Sucht nach tModel-Elementen.

```
<find_tModel [maxRows="nn"] generic="2.0"
   xmlns="urn:uddi-org:api_v2" >
   [<findQualifiers/>]
   [<name/>]
   [<identifierBag/>]
   [<categoryBag/>]
</find_tModel>
```

- get_bindingDetail: Liefert ein bindingDetail-Element (Informationen über ein Binding) zurück.

```
<get_bindingDetail generic="2.0"
   xmlns="urn:uddi-org:api_v2" >
   <bindingKey/> [<bindingKey/> …]
</get_bindingDetail>
```

- get_businessDetail: Liefert Informationen über ein businessEntity-Element (oder mehrere) zurück.

```
<get_businessDetail generic="2.0"
   xmlns="urn:uddi-org:api_v2" >
   <businessKey/> [<businessKey/> ...]
</get_businessDetail>
```

- get_businessDetailExt: Liefert ebenfalls Informationen über ein businessEntity-Element (oder mehrere) zurück, aber unter Umständen mehr Informationen als get_businessDetail.

```
<get_businessDetailExt generic="2.0"
   xmlns="urn:uddi-org:api_v2" >
   <businessKey/> [<businessKey/> ...]
</get_businessDetail>
```

- `get_serviceDetail`: Liefert Informationen über ein `businessService`-Element (oder mehrere) zurück.

```
<get_serviceDetail generic="2.0"
   xmlns="urn:uddi-org:api_v2" >
   <serviceKey/> [<serviceKey/> ...]
</get_serviceDetail>
```

- `get_tModelDetail`: Liefert ebenfalls Informationen über ein `tModel`-Element (oder mehrere) zurück; als Parameter wird der zugehörige `tModelKey`-Wert angegeben.

```
<get_tModelDetail generic="2.0"
   xmlns="urn:uddi-org:api_v2" >
   <tModelKey/> [<tModelKey/> ...]
</get_tModelDetail>
```

5.2.3 In UDDI eintragen

Das Gegenstück zu den Inquiry APIs von UDDI (also den Schnittstellen zum Abfragen) sind die **Publication APIs**, die Schnittstellen zum Eintragen eines Business oder eines Dienstes in die UBR. Auch hierfür gibt es per Spezifikation eine Reihe von Funktionen, die direkt aus der oben angeführten UDDI-Version 2.04 übernommen werden:

- `add_publisherAssertions`: Fügt ein `publisherAssertion`-Element (Beziehungen zwischen einzelnen `businessEntity`-Einträgen) oder mehrere einem Publisher hinzu.

```
<add_publisherAssertions generic="2.0"
   xmlns="urn:uddi-org:api_v2" >
   <authInfo/>
   <publisherAssertion>
      <fromKey/>
      <toKey/>
      <keyedReference/>
   </publisherAssertion>
   [<publisherAssertion/> ...]
</add_publisherAssertions>
```

- `delete_binding`: Entfernt ein Binding (identifiziert durch `bindingKey`) eines `businessService`-Elements.

```
<delete_binding generic="2.0"
   xmlns="urn:uddi-org:api_v2" >
   <authInfo/>
```

```
   <bindingKey/> [<bindingKey/> ...]
</delete_binding>
```

- delete_business: Entfernt einen businessEntity-Eintrag und alle dazugehörigen Elemente aus der Registry.

```
<delete_business generic="2.0"
   xmlns="urn:uddi-org:api_v2" >
   <authInfo/>
   <businessKey/> [<businessKey/> ...]
</delete_business>
```

- delete_publisherAssertions: Entfernt ein publisherAssertion-Element.

```
<delete_publisherAssertions generic="2.0"
   xmlns="urn:uddi-org:api_v2" >
   <authInfo/>
   <publisherAssertion>
      <fromKey/>
      <toKey/>
      <keyedReference/>
   </publisherAssertion> [<publisherAssertion/> ...]
</delete_publisherAssertions>
```

- delete_service: Entfernt einen oder mehrere businessService-Einträge aus der Registry.

```
<delete_service generic="2.0"
   xmlns="urn:uddi-org:api_v2" >
   <authInfo/>
   <serviceKey/> [<serviceKey/> ...]
</delete_service>
```

- delete_tModel: Entfernt einen oder mehrere tModel-Einträge aus der Registry. Allerdings findet kein physikalisches Löschen statt, sprich: Die Einträge sind zwar immer noch vorhanden, werden von einer Suche aber nicht mehr gefunden.

```
<delete_tModel generic="2.0"
   xmlns="urn:uddi-org:api_v2" >
   <authInfo/>
   <tModelKey/> [<tModelKey/> …]
</delete_tModel>
```

- discard_authToken: Beendet die Sitzung, indem das zuvor per get_authToken angeforderte Token ungültig gemacht wird.

```
<discard_authToken generic="2.0"
   xmlns="urn:uddi-org:api_v2" >
   <authInfo/>
</discard_authToken>
```

- get_assertionStatusReport: Liefert Informationen darüber zurück, welchen Status die Beziehungen verschiedener businessEntity-Elemente zueinander haben.

```
<get_assertionStatusReport generic="2.0"
   xmlns="urn:uddi-org:api_v2" >
   <authInfo/>
   [<completionStatus/>]
</get_assertionStatusReport>
```

- get_authToken: Fordert ein »Authentifizierungs-Token«, in etwa vergleichbar mit einem Session-Cookie, an.

```
<get_authToken generic="2.0"
   xmlns="urn:uddi-org:api_v2"
   userID="Benutzername"
   cred="Passwort" />
```

- get_publisherAssertions: Liefert Informationen über alle Beziehungen eines Publishers zurück.

```
<get_publisherAssertions generic="2.0"
   xmlns="urn:uddi-org:api_v2" >
   <authInfo/>
</get_publisherAssertions>
```

- get_registeredInfo: Liefert alle businessEntity- und tModel-Einträge des eingeloggen Benutzers (Autorisierungsinformationen als Parameter) zurück.

```
<get_registeredInfo generic="2.0"
   xmlns="urn:uddi-org:api_v2" >
   <authInfo/>
</get_registeredInfo>
```

- save_binding: Speichert (oder aktualisiert) Binding-Informationen, d.h. meldet diese bei der Registry an. Bestehende Bindings werden aktualisiert.

```
<save_binding generic="2.0"
   xmlns="urn:uddi-org:api_v2" >
```

```
    <authInfo/>
    <bindingTemplate/> [<bindingTemplate/>...]
</save_binding>
```


- `save_business`: Meldet ein `businessEntity`-Element bei der Registry an (oder aktualisiert es).

```
<save_business generic="2.0"
    xmlns="urn:uddi-org:api_v2" >
    <authInfo/>
    <businessEntity/> [<businessEntity/>...]
</save_business>
```

- `save_service`: Die wohl wichtigste Funktion. Sie meldet ein `businessService`-Element bei der Registry an (oder aktualisiert es).

```
<save_business generic="2.0"
    xmlns="urn:uddi-org:api_v2" >
    <authInfo/>
    <businessEntity/> [<businessEntity/>...]
</save_business>
```

- `save_tModel`: Meldet ein `tModel`-Element bei der Registry an (oder aktualisiert es).

```
<save_tModel generic="2.0" xmlns="urn:uddi-org:api_v2" >
    <authInfo/>
    <tModel/> [<tModel/>...]
</save_tModel>
```

- `set_publisherAssertions`: Verwaltet alle Beziehungen des Publishers.

```
<set_publisherAssertions generic="2.0"
    xmlns="urn:uddi-org:api_v2" >
    <authInfo/>
    [<publisherAssertion>
    <fromKey/>
    <toKey/>
    <keyedReference/>
    </publisherAssertion>...]
</set_publisherAssertions>
```

> An dieser Stelle konnten die einzelnen Funktionen lediglich in verkürzter Form dargestellt werden; eine ausführlichere Beschreibung finden Sie in dem Buch »Web Services – Die Standards« aus derselben Reihe oder in der Original-Spezifikation.

5.2.4 UDDI mit PHP

Nach der ganzen langen Vorrede sehen wir uns abschließend die PHP-Unterstützung für UDDI an. Prinzipiell sieht diese zurzeit noch eher mager aus. Die Autorenkollegen Jon Stephens und Lee Reynolds haben aus diesem Grund das Projekt phpUDDI gestartet, das zumindest einige Teile der UDDI-Spezifikation für PHP umsetzt. Sie finden die Projekt-Homepage unter **http://phpuddi.sourceforge.net/**. Die Herausgeber der Web-Services-Reihe haben das Projekt für die PHP-Erweiterungsbibliothek PEAR portiert und kümmern sich um die Weiterentwicklung.

Zum aktuellen Zeitpunkt (September 2003) ist das PEAR-Paket, PEAR::UDDI, lediglich eine Portierung der aktuellsten phpUDDI-Version 0.3; die PEAR-Versionsnummer ist 0.1.1. Bis dato wird nur UDDI-Version 2 unterstützt und hierbei nur die Inquiry-APIs. Allerdings laufen die Erweiterungsarbeiten auf Hochtouren, möglicherweise wird schon kurz nach dem Erscheinen dieses Buches eine neue Version verfügbar sein. Sehen Sie also auf jeden Fall die Inline-Dokumentation in den PHP-Dateien daraufhin an, ob sich etwas geändert hat. Außerdem werden wir Sie via und **http://www.web-services.cc/** und **MyGalileo** auf dem Laufenden halten.

Das PEAR-Paket wird, wie bei PEAR üblich, über die Kommandozeile installiert:

```
pear install UDDI
```

Abbildung 5.3 UDDI-Installation per Kommandozeile

Ansonsten gelten die Hinweise, die schon in Kapitel 2 für PEAR genannt worden sind: Sollte bei Ihnen die allgemeine PEAR-Installation nicht funktionieren oder sollte Ihr Hoster kein PEAR anbieten, können Sie immer noch das UDDI-Paket unter **http://pear.php.net/UDDI** herunterladen, entpacken und dann direkt verwenden.

Der Einsatz der Klasse ist auch sehr einfach. Zunächst einmal muss sie eingebunden (Datei **UDDI/UDDI.php**) und dann instanziiert werden. Als erster Parameter wird der Name der verwendeten Registry angegeben. Zurzeit werden die Test-Registries von IBM und Microsoft unterstützt. Der zweite Parameter ist die Versionsnummer (hier: 2; 1 hätte zurzeit noch denselben Effekt).

```
require "UDDI/UDDI.php";
$_uddi = new UDDI("Microsoft", 2);
```

Als Nächstes müssen Sie die Anfrage, die Sie an die Registry stellen möchten, in einem Array speichern. Dazu geben Sie einfach alle Parameter für die Anfrage an. Als Beispiel verwenden wir `find_business`, das die Parameter `name`, `maxRows` und `findQualifiers` verwendet:

```
$parameter = array(
   "name" => "%IBM%",
   "maxRows" => 20,
   "findQualifiers" => "sortByNameAsc,sortByDateAsc");
```

Dieses Array wird als zweiter Parameter an die Methode `query()` übergeben. Der erste Parameter ist natürlich der Name der API-Funktion:

```
$ergebnis = $_uddi->query("find_business", $parameter);
```

Am Ende wird das Ergebnis in HTML-Code umgewandelt und ausgegeben:

```
print "<pre>" . htmlspecialchars($ergebnis) . "</pre>";
```

Hier noch einmal der komplette Code im Überblick:

```
<?php
require "UDDI/UDDI.php";

$_uddi = new UDDI("Microsoft", 2);
$parameter = array(
   "name" => "%IBM%",
   "maxRows" => 20,
   "findQualifiers" => "sortByNameAsc,sortByDateAsc");
$ergebnis = $_uddi->query("find_business", $parameter);
print "<pre>" . htmlspecialchars($ergebnis) . "</pre>"
?>
```

Listing 5.3 Eine Anfrage an die Microsoft-Test-Registry

Abbildung 5.4 zeigt das Ergebnis: die kompletten vom Webserver zurückgegebenen Daten.

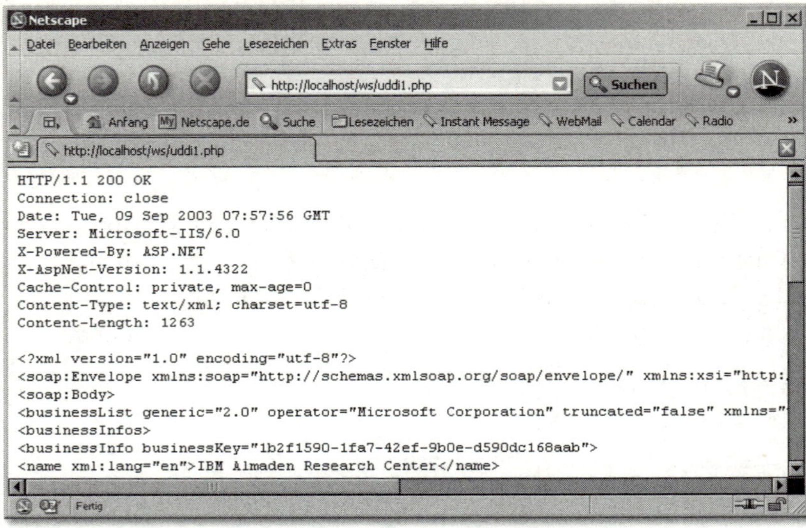

Abbildung 5.4 Die Ausgabe des Skripts im Webbrowser

In einer zukünftigen Version von PEAR::UDDI wird es natürlich möglich sein, spezielle Informationen aus dem Rückgabewert der Registry zu extrahieren; es wird momentan von den Entwicklern diskutiert, ob das durch neuen Code geregelt werden soll oder ob hier andere PEAR-Pakete verwendet werden.

> Das ist im Übrigen unter PEAR-Entwicklern recht umstritten. Die Mehrheit ist der Meinung, dass PEAR-Pakete möglichst nicht von vielen anderen Paketen abhängig sein sollen; es gibt aber auch Entwickler, die eine derart starke Wiederverwertung befürworten.

Zum Abschluss soll noch gezeigt werden, wie die entsprechenden Daten aus dem Rückgabewert ermittelt werden können. In diesem Fall scheinen der `businessKey`-Wert des Eintrags sowie sein Name interessant zu sein. Eine Analyse des zurückgegebenen XML-Codes liefert die folgenden Beobachtungen:

- Das Attribut `businessKey` kann direkt ausgelesen werden: Man suche nach einem Muster `businessKey="..."`; der entsprechende Wert steht zwischen Anführungszeichen.
- Der Name steht innerhalb des `<name>`-Tags, kann also auch ausgelesen werden.

Ganz klar – hier kommen reguläre Ausdrücke zum Einsatz. Diese sind mit den vorangegangenen Überlegungen auch schnell erstellt:

- Das Attribut businessKey wird mit folgendem regulären Ausdruck gesucht; der gewünschte Wert steht dann innerhalb der Klammern:

  ```
  /businessKey=['"]([0-9a-fA-F\-]*)['"]/
  ```

- Der Name wird ermittelt, indem das Start- und das End-Tag des <name>-Elements gesucht werden; alles dazwischen ist der gesuchte Wert:

  ```
  /<name.*?>(.*) <\/name>/
  ```

Die regulären Ausdrücke werden auf den Rückgabewert der Registry angewandt und dann in einer HTML-Tabelle ausgegeben. Die regulären Ausdrücke werden dabei mittels preg_match_all() auf das Registry-Ergebnis losgelassen, damit auch alle Treffer gefunden werden:

```
preg_match_all("/businessKey=['\"]([0-9a-fA-F\\-]*)['\"]/",
   $ergebnis,
   $businessKeyTreffer);
```

Die Schlüssel stehen dann in $businessKeyTreffer[1] – es geht ja um den Wert in der ersten Klammer. Per foreach-Schleife können die Schlüssel dann ausgegeben werden:

```
foreach ($businessKeyTreffer[1] as $key) {
   print $key . "<br />";
}
```

In dem kompletten, im Folgenden abgedruckten Code werden noch leichte Änderungen vorgenommen, beispielsweise wird eine normale for-Schleife verwendet, um gleichzeitig businessKey-Werte und Namen auszugeben, außerdem wird eine Tabelle verwendet:

```
<?php
error_reporting(E_ALL ^ E_NOTICE);
require "UDDI/UDDI.php";

$_uddi = new UDDI("Microsoft", 2);
$parameter = array(
   "name" => "%IBM%",
   "maxRows" => 20,
   "findQualifiers" => "sortByNameAsc,sortByDateAsc");
$ergebnis = $_uddi->query("find_business", $parameter);

preg_match_all("/businessKey=['\"]([0-9a-fA-F\\-]*)['\"]/",
   $ergebnis,
```

```
      $businessKeyTreffer);
   preg_match_all("/<name.*?>(.*)<\\/name>/",
      $ergebnis,
      $nameTreffer);

   print "<table border=\"1\"><tr><th>businessKey</
   th><th>name</th></tr>";

   for ($i=0; $i<count($nameTreffer[1]); $i++) {
      print "<tr>";
      print "<td>{$businessKeyTreffer[1][$i]}</td>";
      print "<td>" . htmlspecialchars($nameTreffer[1][$i]) . "
   </td>";
      print "</tr>";
   }

   print "</table>";
   ?>
```

Listing 5.4 Einzelne Werte aus dem Ergebnis werden ermittelt (uddi2.php).

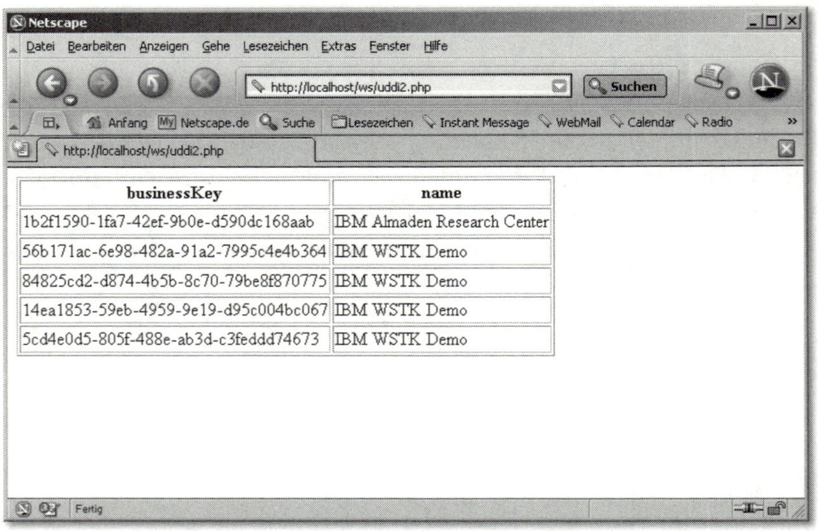

Abbildung 5.5 Die IBM-Einträge in der Microsoft-Registry

> Im Listing sehen Sie, dass die Stufe des Error-Reportings von PHP geändert wurde (`error_reporting(E_ALL ^ E_NOTICE);`).

Das hat folgenden Grund: Der Wert für `businessKey` ist ja vor UDDI 3.0 kein Pflichtfeld, es kann also unter Umständen weniger solche Schlüssel als Namen geben. Um ein exaktes Ergebnis zu erzielen, muss man die regulären Ausdrücke anpassen, um eine genaue Zuordnung von Schlüsseln und Namen zu erhalten. Zu Demonstrationszwecken genügt allerdings auch die hier gezeigte Prüfung.

Zum Abschluss dieses Kapitels erweitern wir dieses Beispiel noch ein wenig: Der Benutzer kann die Registry auswählen und außerdem noch den Suchbegriff angeben. Ansonsten bietet dieses Listing in Hinblick auf Web Services wenig Neues, weswegen wir es an dieser Stelle ohne weitere Kommentare abdrucken.

```
<html>
<head>
<title>UDDI</title>
</head>
<body>
<?php
$suche = isset($_POST["suche"]) ? $_
POST["suche"] : "%IBM%";
$registry = isset($_POST["registry"]) ? $_
POST["registry"] : "IBM";

if (isset($_POST["Submit"])) {
   error_reporting(E_ALL ^ E_NOTICE);
   require "UDDI/UDDI.php";

   $_uddi = new UDDI($registry, 2);
   $parameter = array(
      "name" => $suche,
      "maxRows" => 20,
      "findQualifiers"=>"sortByNameAsc,sortByDateAsc");
   $ergebnis = $_uddi->query("find_business", $parameter);

   preg_match_all("/businessKey=['\"]([0-9a-fA-F\\-]*)['\
"]/",
      $ergebnis,
      $businessKeyTreffer);
   preg_match_all("/<name.*?>(.*)<\\/name>/",
      $ergebnis,
```

```
      $nameTreffer);

   print "<table border=\"1\"><tr><th>businessKey
</th><th>name</th></tr>";

   for ($i=0; $i<count($nameTreffer[1]); $i++) {
      print "<tr>";
      print "<td>{$businessKeyTreffer[1][$i]}</td>";
      print "<td>" . htmlspecialchars($nameTreffer[1][$i])
. "</td>";
      print "</tr>";
   }

   print "</table><hr />";
}
?>

<form method="post">
Suche nach <input type="text" name="suche" value="<?php
print htmlspecialchars($suche); ?>" />
in der Registry von
<select name="registry">
   <option value="IBM" <?php if ($registry == "IBM") {
print "selected"; } ?>>IBM</option>
   <option value="Microsoft" <?php if ($registry == "Micros
oft") { print "selected"; } ?>>Microsoft</option>
</select>
<input type="submit" name="Submit" value="Start!" />
</form>
</body>
</html>
```
Listing 5.5 UDDI-Abfrage mit Suchmaske (uddi3.php)

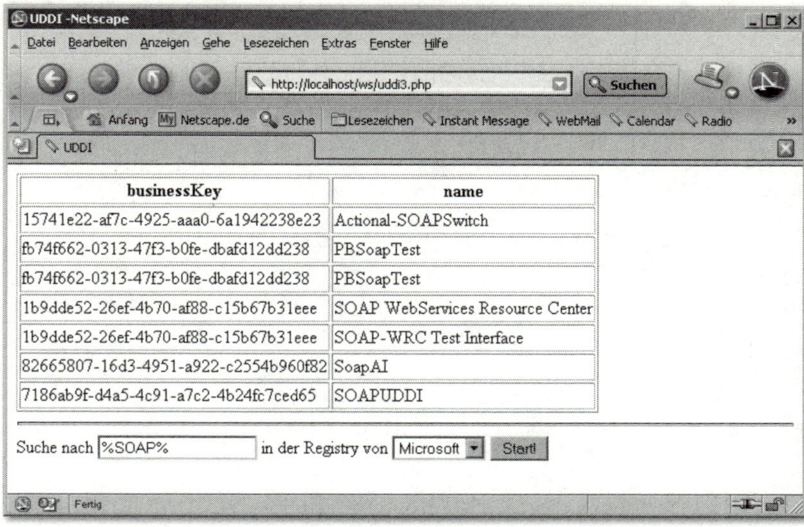

Abbildung 5.6 Alle UDDI-Einträge zum Suchbegriff »SOAP«

6 Sicherheit

6 Sicherheit

In einer Welt voller Unsicherheit muss man eine Menge Dinge ausprobieren. Man kann nur hoffen, dass einige davon funktionieren.
– Douglass North

Viele Auguren sagen den Web Services eine große Zukunft voraus. Ganz zufrieden sind sie jedoch nicht (außer, sie werden von bestimmten Auftraggebern bezahlt): Insbesondere der Bereich Sicherheit ist noch ausbaufähig. Zurzeit gibt es mehrere Ansätze und Standards hierfür, aber es ist noch nicht ganz abzusehen, was sich wann und wie durchsetzen wird. Viel schlimmer noch: Ernst zu nehmende PHP-Implementierungen gibt es zurzeit noch nicht. Allerdings kann man mit PHP selbst einige Sicherheitsmechanismen implementieren oder auf Altbewährtes zurückgreifen. In diesem Kapitel stellen wir die diversen Standards vor und entwickeln einige kleine Beispiele.

6.1 Security en detail

Bei bisherigen Implementierungen im World Wide Web wird im Hinblick auf Sicherheit oft auf Althergebrachtes gesetzt. Das Sicherheitsprotokoll Nummer eins ist **SSL** (Secure Socket Layer), ursprünglich übrigens eine Netscape-Entwicklung. Das Protokoll wird im World Wide Web bereits eifrig verwendet, beispielsweise beim Online-Banking. Die Infrastruktur hierfür ist somit häufig bereits vorhanden. Allerdings kann SSL nur für Punkt-zu-Punkt-Verbindungen verwendet werden. Bei einem Web Service sind allerdings zumeist mindestens drei Parteien beteiligt – hier greift SSL also nur für eine Teilstrecke der Verbindung. Zudem gilt SSL als nicht gerade performant.

> Eine weitere etablierte Technologie zum Absichern eines Web Service ist **IPsec**. Dabei handelt es sich um ein Protokoll, das auf der Ebene des IP-Protokolls (Teil von TCP/IP) ansetzt. Damit ist es für Web Services, die öffentlich sind, eher ungeeignet.

Mittlerweile gibt es allerdings eine Reihe von Standards, die explizit für Security-Anforderungen von Web Services geschaffen worden sind. Diese werden im Folgenden kurz vorgestellt. Sie wissen ja, wo Sie mehr Details über die jeweiligen Standards erhalten: im Buch »Web Services – Die Standards«.

6.1.1 WS-Security

Der Standard mit dem nahe liegenden Namen WS-Security entstand aus einer zunächst unfreiwilligen Zusammenarbeit von IBM, Microsoft und VeriSign, die zunächst an eigenen Standards gearbeitet hatten, dann aber eine Vernunftehe geschlossen haben (ähnlich lief es ja mit teilweise anderen Firmen bei WSDL).

WS-Security setzt direkt auf SOAP auf. Per Spezifikation ist SOAP erweiterbar, deswegen wird WS-Security direkt in SOAP integriert. Dabei wird der SOAP-Header verwendet. Das sieht dann so aus (Auszug):

```
<SOAP-ENV:Envelope>
   <SOAP-ENV:Header>
      ...
      <Security SOAP-ENV:actor="..." SOAP-
ENV:mustUnderstand="...">
      ...
      </Security>
      ...
   </SOAP-ENV:Header>
    ...
</SOAP-ENV:Envelope>
```

Die Hauptseite für WS-Security finden Sie auf Microsofts MSDN-Entwickler-Website unter **http://msdn.microsoft.com/library/en-us/dnglobspec/html/wssecurspecindex.asp**. Die Spezifikation wurde mittlerweile bei der OASIS eingereicht, weswegen damit zu rechnen ist, dass auch Konkurrenten wie beispielsweise Sun demnächst auf den WS-Security-Zug aufspringen könnten.

6.1.2 XML Encryption/XML Signature

Die beiden Standards **XML Encryption** und **XML Signature** sind nicht spezifisch für Web Services ersonnen worden, sondern für XML. Da bei Web Services allerdings alles über XML abläuft, sind die Standards nichtsdestotrotz geeignet. Bei beiden handelt es sich im Übrigen um W3C-Recommendations (siehe **http://www.w3.org/TR/xmlenc-core** und **http://www.w3.org/TR/xmldsig-core**); sie haben also einen Segen von »oberster Stelle«.

XML Encryption hat die Besonderheit, dass Daten mit einem beliebigen Algorithmus verschlüsselt werden können, unter anderem Triple-DES und RSA. Allerdings können auch andere Algorithmen eingesetzt werden, der Standard ist also in dieser Hinsicht sehr flexibel ausgelegt.

Hier ein leicht abgewandeltes Beispiel aus der Spezifikation:

```
<EncryptedData xmlns="http://www.w3.org/2001/04/xmlenc#"
   Type="http://www.w3.org/2001/04/xmlenc#Element"/>
   <EncryptionMethod
      Algorithm="http://www.w3.org/2001/04/
xmlenc#tripledes-cbc"/>
      <ds:KeyInfo xmlns:ds="http://www.w3.org/2000/09/
xmldsig#">
         <ds:KeyName>Markus Maier</ds:KeyName>
      </ds:KeyInfo>
   <CipherData>
      <CipherValue>DEADBEEF</CipherValue>
   </CipherData>
</EncryptedData>
```

Die Daten werden mit Triple-DES verschlüsselt (`Algorithm="http://www.w3.org/2001/04/xmlenc#tripledes-cbc"/`).

Der (symmetrische) Schlüssel hat den Namen »Markus Maier«, die verschlüsselten Daten sind `DEADBEEF`.

Bei XML Signature geht es um die Implementierung einer digitalen Signatur für eine XML-Nachricht. Hierbei kommt die asymmetrische Verschlüsselung zum Zuge: Der Schlüssel, der zur Verschlüsselung verwendet wird, kommt nicht bei der Entschlüsselung zum Einsatz.[1] Wie bei XML Encryption auch werden bestimmte Algorithmen zur Verschlüsselung (unter anderem RSA) zwar vorgeschlagen, es sind aber auch andere Algorithmen denkbar und möglich.

Auch hierfür zeigen wir ein Code-Beispiel, das sich an die Spezifikation anlehnt:

```
<Signature Id="DigitaleUnterschrift"
   xmlns="http://www.w3.org/2000/09/xmldsig#">
   <SignedInfo>
      <CanonicalizationMethod
         Algorithm="http://www.w3.org/TR/2001/REC-xml-c14n-
20010315" />
      <SignatureMethod
```

1 In der Praxis besitzt jeder Teilnehmer zwei Schlüssel: einen öffentlichen und einen nicht-öffentlichen. Die digitale Unterschrift wird mit dem nicht-öffentlichen Schlüssel vorgenommen; nur der zugehörige öffentliche Schlüssel kann die Unterschrift entschlüsseln.

```
         Algorithm="http://www.w3.org/2000/09/xmldsig#dsa-
sha1" />
      <Reference
         URI="http://www.w3.org/TR/2000/REC-xhtml1-
20000126/">
         <Transforms>
            <Transform Algorithm="http://www.w3.org/TR/
2001/REC-xml-c14n-20010315"/>
         </Transforms>
         <DigestMethod Algorithm="http://www.w3.org/2000/
09/xmldsig#sha1"/>
         <DigestValue>j6lwx3rvEPO0vKtMup4NbeVu8nk=
         </DigestValue>
      </Reference>
   </SignedInfo>
   <SignatureValue>MC0CFFrVLtRlk=...</SignatureValue>
   <KeyInfo>
      <KeyValue>
         <DSAKeyValue>
            <P>...</P><Q>...</Q><G>...</G><Y>...</Y>
         </DSAKeyValue>
      </KeyValue>
   </KeyInfo>
</Signature>
```

Im Element `<SignedInfo>` stehen die Informationen, die digital unterschrieben werden. `<SignatureMethod>` gibt den verwendeten Signieralgorithmus an, und in `<SignatureValue>` steht die Signatur selbst. `<KeyInfo>` schließlich verrät, welcher Schlüssel verwendet werden kann, um die Signatur zu überprüfen.

> Im Zusammenhang mit XML Encryption und XML Security ist noch der Standard **XKMS** (XML Key Management System) interessant. Dabei handelt es sich um ein Protokoll, das öffentliche Schlüssel verwaltet. Das Format wird hauptsächlich von dem VeriSign-Mitarbeiter Phillip Hallam-Baker entwickelt und implementiert eine **Public Key Infrastructure** (PKI). Der Clou: All dies basiert (ebenfalls) auf Web Services. Die aktuelle Version, immerhin ein Working Draft beim W3C, ist unter **http://www.w3.org/TR/xkms2** erhältlich.

So weit der Überblick über die wichtigsten Standards. Weitere interessante Formate sind:

- **SAML** (Secure Assertion Markup Language), ein Format für Assertions (Vertrauenserklärungen, die zwischen Anbieter und Konsument ausgetauscht werden können). Zuständig ist OASIS.
- **XACML** (eXtensible Access Control Markup Language), ein Format zur Beschreibung von Sicherheitsrichtlinien, das auch für DRM (Digital Rights Management) eingesetzt werden kann. XACML wird ebenfalls von OASIS verwaltet.

Sie sehen also: An Standards und Formaten mangelt es kaum, an den Implementierungen allerdings schon. Zum momentanen Zeitpunkt muss man sich anderweitig behelfen, um mit PHP abgesicherte Web Services zu erstellen.

6.2 Ein Autorisierungssystem

Nun zeigen wir Ihnen noch ein Stück PHP-Code. Wenn die verschiedenen Web-Service-Implementierungen von PHP noch keine Pakete für die verschiedenen Security-Formate anbieten, kommt schnell die Frage nach alternativen Möglichkeiten auf. Eine beliebte Möglichkeit ist es, eine Art Ticketing-System einzusetzen: Ein Benutzer meldet sich per Benutzername und Passwort bei einem Autorisierungs-Web-Service an und erhält, sofern das erfolgreich war, ein »Ticket« – eine ID; die ihm Zugriff auf den »eigentlichen« Web Service gewährt. Bei jedem Aufruf einer Webmethode muss das Ticket als Parameter übergeben werden. Der Webdienst überprüft dann, ob das Ticket gültig ist oder nicht; falls es gültig ist, werden die gewünschten Informationen zurückgeliefert.

Im Beispiel liegen sowohl der Autorisierungs- als auch der »eigentliche« Web Service auf ein- und demselben Rechner. Es bietet sich an hier das Session-Management von PHP zu verwenden. Das Ticket ist dann gleichzeitig die PHP-Session-ID. Da sich beide Web Services auf derselben Maschine befinden (sogar im selben Skript, auch wenn das keine notwendige Voraussetzung ist[2]), erfüllt die Session-ID von PHP alle Voraussetzungen.

2 In der Praxis ist das bei komplexeren Anwendungen ein mögliches Performance-Hemmnis: Prinzipiell müsste nur die Anforderung des Tickets per SSL ablaufen.

Der allgemeine Ablauf sieht folgendermaßen aus:

- Der Konsument fordert per Web Service ein Ticket an.
- Der Web Service erstellt eine neue Session, schreibt das Gültigkeitsdatum des Tickets in die Session und liefert die Session-ID zurück.
- Bei einem Aufruf einer Web-Service-Methode muss der Konsument das Ticket mit übergeben.
- Der Web Service liest das Gültigkeitsdatum aus der Session aus. Ist es noch nicht abgelaufen, wird die Methode wie gewünscht ausgeführt.

> Ein Hinweis zur eigentlichen Implementierung: Die Session-ID könnte von dem Konsumenten im Grunde auch immer im SOAP-Header mit übermittelt werden, wie das in Kapitel 4 bereits angesprochen worden ist. Der Einfachheit halber übergeben wir das Ticket allerdings immer als Methodenparameter (das ist nämlich besser standardisiert als die Header-Lösung und kann über ein WSDL-Interface übermittelt werden).

Im Folgenden zeigen wir Ihnen zwei Implementierungen: Einmal mit NuSOAP und einmal mit PEAR::SOAP. Das Gros der Erklärungen zum Code befindet sich im ersten Teil (zu NuSOAP); im Abschnitt über PEAR::SOAP wird der Fokus mehr auf die Unterschiede in der Implementierung gelegt.

> Bevor Sie sich an die Implementierung machen, überprüfen Sie die Session-Einstellungen in der **php.ini**. Beispielsweise ist der Ordner, in dem die Session-Informationen gespeichert werden (`session.save_path`), standardmäßig auf `/tmp` gesetzt – ein Verzeichnis, das unter Windows nicht automatisch existiert. Passen Sie dies gegebenenfalls an.

6.2.1 NuSOAP

Steigen wir direkt in die Programmierung ein. Wie bei NuSOAP üblich, müssen Sie zunächst die Datei **nusoap.php** einbinden. Außerdem müssen Sie den SOAP-Server initialisieren. Damit der Zugriff auch von anderen Technologien aus einfach ist, wird die WSDL-Unterstützung von **nusoap.php** verwendet:

```
<?php
require_once "nusoap.php";
```

```
$soap = new soap_server;
$soap->configureWSDL(
   "NuSOAPService", "http://web-services.cc/");
$server->wsdl->schemaTargetNamespace = 'http://
soapinterop.org/xsd/';
```

Als Nächstes müssen die beiden Funktionen registriert werden. Die Autorisierungsmethode wird `getTicket()` genannt, als Parameter werden ein Benutzername und das zugehörige Passwort übergeben:

```
$soap->register(
   "getTicket",
   array("benutzer" => "xsd:string",
         "passwort" => "xsd:string"),
   array("ticket" => "xsd:string"),
   "http://soapinterop.org/"
);
```

Ebenfalls mit von der Partie ist wieder die Methode `jetzt()`, die diesmal als Parameter das Ticket erwartet (und als Rückgabewert die aktuelle Uhrzeit liefert):

```
$soap->register(
   "jetzt",
   array("ticket" => "xsd:string"),
   array("uhrzeit" => "xsd:string"),
   "http://soapinterop.org/"
);
```

Abschließend wird der SOAP-Service gestartet:

```
$HTTP_RAW_POST_DATA =
   isset($HTTP_RAW_POST_DATA) ? $HTTP_RAW_POST_DATA : "";
$soap->service($HTTP_RAW_POST_DATA);
```

Uns fehlt natürlich noch die Implementierung von Autorisierung und Zugangsprüfung. Beginnen wir mit Ersterem: Der Benutzername und das Passwort werden überprüft. Fehlen die Angaben, wird ein SOAP-Fehler erzeugt:

```
function getTicket($benutzer, $passwort) {
   if ($benutzer == null || trim($benutzer) == "" ||
       $passwort == null || trim($passwort) == "") {
      return new soap_fault(
         "Client",
```

```
        "",
        "Kein Benutzername/Passwort angegeben!"
    );
  }
```

Andernfalls werden die Angaben überprüft. In unserem einfachen Beispiel gibt es nur eine einzige korrekte Kombination aus Benutzername und Passwort; in einer Praxisanwendung würden die Angaben des Konsumenten wohl mit Daten aus einer Datenbank überprüft werden.

Sind die Daten korrekt, wird eine neue Session erstellt, in einer Variablen das Ablaufdatum gespeichert (die aktuelle Uhrzeit plus 1800 Sekunden, also 30 Minuten) und die Session-ID zurückgegeben. Andernfalls ist das Ticket eine leere Zeichenkette:

```
  elseif ($benutzer == "Christian" &&
    md5($passwort) == "b7dccfd92d21f24f04ed987436e95f9e")
{
    session_start();
    $_SESSION["expires"] = time() + 1800; //30 Min.
    return session_id();
  } else {
    return "";
  }
}
```

Es wird nicht direkt das Passwort überprüft, sondern der MD5-Hash des Passworts. Damit wird verhindert, dass das Passwort im Klartext im Quellcode steht. Im Listing für den Konsumenten wird das Passwort trotzdem verraten.

In der Methode `jetzt()` wird das Ticket überprüft. Ist es nicht vorhanden, wird ein Fehler ausgegeben:

```
function jetzt($ticket) {
  if ($ticket == null || trim($ticket) == "") {
    return new soap_fault(
      "Client",
      "",
      "Kein Ticket angegeben!"
    );
  }
```

Andernfalls wird das Ablaufdatum des Tickets überprüft. Ist das nicht vorhanden (sprich: das Ticket existiert nicht) oder hat es einen niedrigeren Wert als `time()` (sprich: die halbe Stunde ist vorbei, das Ticket ist abgelaufen), wird ebenfalls ein SOAP-Fehler zurückgegeben; ansonsten erhalten Sie die gewünschte Uhrzeit:

```
   session_id($ticket);
   session_start();
   if (isset($_SESSION["expires"]) &&
       time() <= $_SESSION["expires"]) {
      return date("H:i");
   } else {
      return new soap_fault(
         "Client",
         "",
         "Ticket ungültig oder abgelaufen!"
      );
   }
}
?>
```

Hier sehen Sie noch einmal das komplette Listing an einem Stück:

```
<?php
require_once "nusoap.php";

$soap = new soap_server;
$soap->configureWSDL("NuSOAPService", "http://web-
services.cc/");
$server->wsdl->schemaTargetNamespace = 'http://
soapinterop.org/xsd/';

$soap->register(
   "getTicket",
   array("benutzer" => "xsd:string",
         "passwort" => "xsd:string"),
   array("ticket" => "xsd:string"),
   "http://soapinterop.org/"
);

$soap->register(
   "jetzt",
```

```
    array("ticket" => "xsd:string"),
    array("uhrzeit" => "xsd:string"),
    "http://soapinterop.org/"
);

$HTTP_RAW_POST_DATA = isset($HTTP_RAW_POST_DATA) ? $HTTP_
RAW_POST_DATA : "";
$soap->service($HTTP_RAW_POST_DATA);

function getTicket($benutzer, $passwort) {
    if ($benutzer == null || trim($benutzer) == "" ||
        $passwort == null || trim($passwort) == "") {
        return new soap_fault(
            "Client",
            "",
            "Kein Benutzername/Passwort angegeben!"
        );
    } elseif ($benutzer == "Christian" &&
        md5($passwort) == "b7dccfd92d21f24f04ed987436e95f9e")
  {
        session_start();
        $_SESSION["expires"] = time() + 1800; //30 Min.
        return session_id();
    } else {
        return "";
    }
}

function jetzt($ticket) {
    if ($ticket == null || trim($ticket) == "") {
        return new soap_fault(
            "Client",
            "",
            "Kein Ticket angegeben!"
        );
    }
    session_id($ticket);
    session_start();
    if (isset($_SESSION["expires"]) &&
        time() <= $_SESSION["expires"]) {
        return date("H:i");
```

```
    } else {
        return new soap_fault(
            "Client",
            "",
            "Ticket ungültig oder abgelaufen!"
        );
    }
}
?>
```

Listing 6.1 Der Web Service mit NuSOAP (nusoapsecserver.php)

Der Web Service soll mit einem kleinen Beispielskript getestet werden, das ebenfalls auf Basis von NuSOAP arbeitet. Dabei werden drei Szenarien durchgespielt:

1. Der Dienst wird mit einem falschen Passwort aufgerufen. Das zurückgelieferte Ticket ist dann leer, und der Web Service beschwert sich dementsprechend.
2. Ein falsches Ticket wird übergeben. Auch hier gibt der Web Service eine Fehlermeldung zurück.
3. Das Ticket wird mit dem richtigen Benutzernamen und Passwort angefordert, und dann wird der Web Service aufgerufen. Als Ergebnis wird tatsächlich die gewünschte Uhrzeit ausgegeben.

Hier sehen Sie den kompletten Code für den Konsumenten:

```
<?php
require_once "nusoap.php";
$soap = new soapclient(
   "http://localhost/ws/nusoapsecserver.php?wsdl", true);
$proxy = $soap->getProxy();

// 1. Falsches Passwort
$ticket = $proxy->getTicket("Christian", "falsch");
print "Ticket: $ticket<br />";
$ergebnis = $proxy->jetzt($ticket);
if (isset($ergebnis["faultstring"]) &&
          $ergebnis["faultstring"] != "1") {
   print "Fehler: " . $ergebnis["faultstring"];
} else {
   print "Aktuelle Uhrzeit: " . $ergebnis;
}
```

```
// 2. Falsches Ticket
$ticket = "abc123";
print "<hr />Ticket: $ticket<br />";
$ergebnis = $proxy->jetzt($ticket);
if (isset($ergebnis["faultstring"]) &&
          $ergebnis["faultstring"] != "1") {
   print "Fehler: " . $ergebnis["faultstring"];
} else {
   print "Aktuelle Uhrzeit: " . $ergebnis;
}

//3. Richtiges Passwort
$ticket = $proxy->getTicket("Christian", "supersicher");
print "<hr />Ticket: $ticket<br />";
$ergebnis = $proxy->jetzt($ticket);
if (isset($ergebnis["faultstring"]) &&
          $ergebnis["faultstring"] != "1") {
   print "Fehler: " . $ergebnis["faultstring"];
} else {
   print "Aktuelle Uhrzeit: " . $ergebnis;
}
?>
```

Listing 6.2 Drei Tests für den Web Service (nusoapsecclient.php)

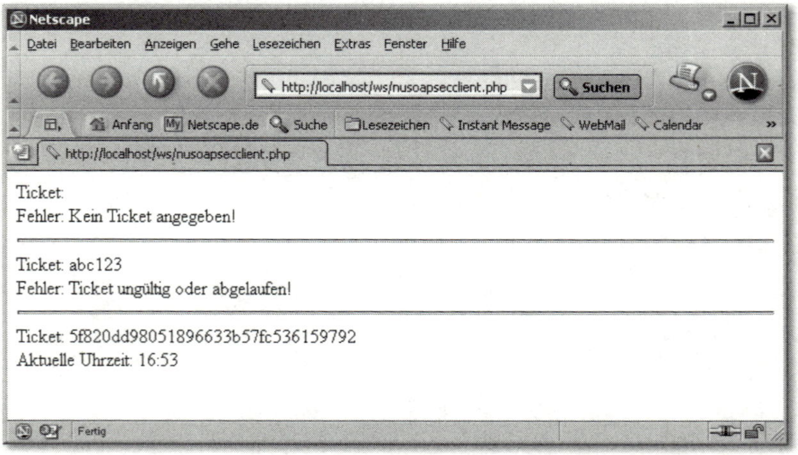

Abbildung 6.1 Die Tests laufen wie erwartet ab.

6.2.2 PEAR::SOAP

Bei der Portierung des Beispiels auf PEAR::SOAP sind nur wenige Dinge zu ändern. Als Ausgangsbasis können Sie das WSDL-Server-Beispiel aus dem vorigen Kapitel verwenden. Sie müssen im Wesentlichen nur die Methoden `getTicket()` und `jetzt()` dort hineinkopieren. Außerdem müssen Sie noch einige Kleinigkeiten ändern. Beispielsweise müssen Sie im Konstruktor der Web-Service-Klasse die Dispatch-Map anpassen und dort die folgenden beiden Funktionen aufnehmen:

6

```
function Service() {
   $this->__dispatch_map["jetzt"] =
      array("in"  => array("ticket"  => "string"),
            "out" => array("uhrzeit" => "string"));
   $this->__dispatch_map["getTicket"] =
      array("in"  => array("benutzer" => "string",
                           "passwort" => "string"),
            "out" => array("ticket" => "string"));
}
```

Außerdem müssen die Rückgaben der `soap_fault`-Elemente angepasst werden: Bei PEAR::SOAP heißen die Objekte `SOAP_Fault`, außerdem erwartet der Konstruktor andere Parameter. Hier sehen Sie als Beispiel die angepasste `jetzt()`-Methode, die Änderungen sind in halbfetter Schrift hervorgehoben:

```
function jetzt($ticket) {
   if ($ticket == null || trim($ticket) == "") {
      return new SOAP_Fault("Kein Ticket angegeben!", "101");
   }
   session_id($ticket);
   session_start();
   if (isset($_SESSION["expires"]) &&
       time() <= $_SESSION["expires"]) {
      return date("H:i");
   } else {
      return new SOAP_Fault("Ticket ungültig oder abgelaufen!", "102");
   }
}
```

Nachfolgend sehen Sie das komplette Listing – es ist ein Web Service und WSDL-Generator in einem:

```
<?php
class Service {
   var $__dispatch_map = array();

   function Service() {
      $this->__dispatch_map["jetzt"] =
         array("in"  => array("ticket"  => "string"),
               "out" => array("uhrzeit" => "string"));
      $this->__dispatch_map["getTicket"] =
         array("in"  => array("benutzer" => "string",
                              "passwort" => "string"),
               "out" => array("ticket" => "string"));
   }

   function __dispatch($methode) {
      if (isset($this->__dispatch_map[$methode])) {
          return $this->__dispatch_map[$methode];
      } else {
         return NULL;
      }
   }

   function jetzt($ticket) {
      if ($ticket == null || trim($ticket) == "") {
       return new SOAP_Fault("Kein Ticket
                                angegeben!", "101");
      }
      session_id($ticket);
      session_start();
      if (isset($_SESSION["expires"]) &&
          time() <= $_SESSION["expires"]) {
         return date("H:i");
      } else {
        return new SOAP_Fault("Ticket ungültig oder
                                abgelaufen!", "102");
      }
   }
```

```
    function getTicket($benutzer, $passwort) {
        if ($benutzer == null || trim($benutzer) == "" ||
            $passwort == null || trim($passwort) == "") {
            return new SOAP_Fault("Kein Benutzername/
Passwort angegeben!", "103");
        } elseif ($benutzer == "Christian" &&
     md5($passwort) == "b7dccfd92d21f24f04ed987436e95f9e") {
            session_start();
            $_SESSION["expires"] = time() + 1800; //30 Min.
            return session_id();
        } else {
            return "";
        }
    }
}

require_once "SOAP/Server.php";

$soap = new SOAP_Server();

$service = new Service();
$soap->addObjectMap($service, "urn:soapservice");

if (isset($_SERVER["REQUEST_METHOD"]) &&
          $_SERVER["REQUEST_METHOD"] == "POST") {
    $soap->service($HTTP_RAW_POST_DATA);
} else {
    require_once "SOAP/Disco.php";
    $disco = new SOAP_DISCO_Server($soap, "Bezeichnung");
    if (isset($_SERVER["QUERY_STRING"]) &&
        strcasecmp($_SERVER["QUERY_STRING"], "wsdl") == 0) {
        header("Content-type: text/xml");
        print $disco->getWSDL();
    }
}
?>
```

Listing 6.3 Der Web Service mit PEAR::SOAP (pearsecserver.php)

Auch dieser Web Service wird wieder mit den drei Szenarien ##Kein Passwort / Falsches Ticket / Gültiges Passwort getestet. Auch hier muss – im Vergleich zum NuSOAP-Listing – ein wenig Anpassungsarbeit durchgeführt werden; beispielsweise prüft `PEAR::isError()`, ob ein Fehler vorliegt.

```
<?php
require_once "SOAP/Client.php";

$wsdl = new SOAP_WSDL(
   "http://localhost/ws/pearsecserver.php?wsdl");
$proxy = $wsdl->getProxy();

// 1. Falsches Passwort
$ticket = $proxy->getTicket("Christian", "falsch");
print "Ticket: $ticket<br />";
$ergebnis = $proxy->jetzt($ticket);
if (PEAR::isError($ergebnis)) {
   print "Fehler: " . $ergebnis->getMessage();
} else {
   print "Aktuelle Uhrzeit: " . $ergebnis;
}

// 2. Falsches Ticket
$ticket = "abc123";
print "<hr />Ticket: $ticket<br />";
$ergebnis = $proxy->jetzt($ticket);
if (PEAR::isError($ergebnis)) {
   print "Fehler: " . $ergebnis->getMessage();
} else {
   print "Aktuelle Uhrzeit: " . $ergebnis;
}

//3. Richtiges Passwort
$ticket = $proxy->getTicket("Christian", "supersicher");
print "<hr />Ticket: $ticket<br />";
$ergebnis = $proxy->jetzt($ticket);
if (PEAR::isError($ergebnis)) {
   print "Fehler: " . $ergebnis->getMessage();
} else {
   print "Aktuelle Uhrzeit: " . $ergebnis;
}
?>
```

Listing 6.4 Erneut drei Tests für den Web Service (pearsecclient.php)

Die Ausgabe (siehe Abbildung 6.2) zeigt Folgendes:

1. Der Code funktioniert wie erwartet. ☺
2. Es gibt einen kleinen Bug in PEAR::SOAP: Umlaute in SOAP_Fault-Fehlern werden nicht korrekt kodiert (das äußert sich in der Meldung »invalid token«). Ersetzen Sie also das Wort »ungültig« in **pearsecserver.php** durch »ungueltig«. Auch dies wurde natürlich den Entwicklern gemeldet und ist womöglich sogar schon behoben.

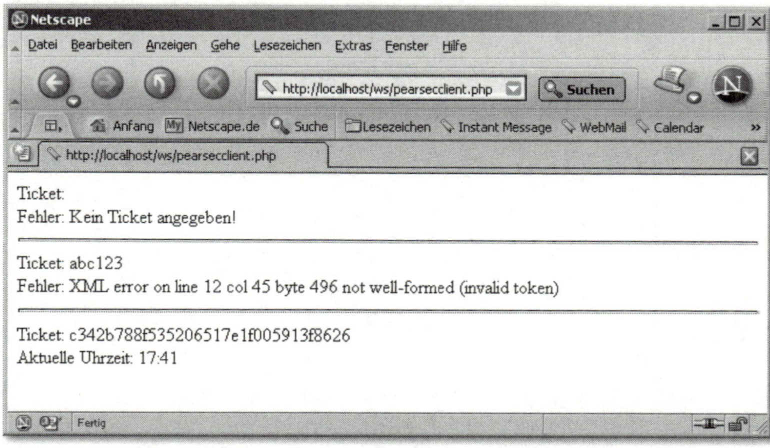

Abbildung 6.2 Die Ausgabe der drei Web-Service-Tests

Der Web Service hat beim Testen auf manchen Systemen ein merkwürdiges Verhalten gezeigt; offenbar wurden Ergebnisse zwischengespeichert. Es half aber, die PHP-Konfigurationseigenschaft `session.use_cookies` in der **php.ini** auf `0` zu setzen.

7 Praxisprojekt

7 Praxisprojekt

In der Praxis ist vielen Menschen die Theorie doch lieber als die Praxis.
– Ernst Ferstl

Nach der umfangreichen Einführung in die wesentlichen Elemente der Web-Service-Programmierung mit PHP wollen wir in diesem Kapitel die vorherige Theorie – auch wenn sie immer mit vielen Beispielen illustriert worden ist – in einer Praxisanwendung zusammenfassen.

Als Thema der Anwendung gehen wir mit der Mode und implementieren einen PHP-basierten Blog[1]. Die Besonderheit: Die Blog-Informationen können per Web Service eingetragen, ausgelesen und auch abgefragt werden. Natürlich existiert mit RSS ein De-facto-Format zur Weiterverbreitung von Blogs (es wurde nicht primär dafür entwickelt, wird aber mittlerweile fleißig eingesetzt), allerdings sind wir an dieser Stelle primär daran interessiert, Einsatzmöglichkeiten für Web Services zu demonstrieren. Das Beispiel »Blog« steht auch nur exemplarisch für eine ganze Reihe von datenbankgestützten Anwendungen. Anstelle von Tagebucheinträgen können es auch Produktdatenbanken sein, die so per Web Service der Öffentlichkeit zur Verfügung gestellt werden können.

Die Implementierung wird mit den beiden Kerntechnologien dieses Buches durchgeführt: XML-RPC und SOAP. Als PHP-Pakete kommen die jeweiligen PEAR-Module zum Einsatz: PEAR::XML_RPC und PEAR::SOAP.

In den Beispielen selbst finden Sie viele Elemente aus vorhergehenden Kapiteln wieder, beispielsweise die Authentifizierung (wie in Kapitel 6 gezeigt). Aus diesem Grund sind die Erläuterungen zum Quellcode – anders als im Rest des Buchs – eher kurz gehalten. Viel Spaß beim Nachvollziehen und Ausprobieren!

7.1 Grundfunktionalitäten

Zunächst erstellen wir eine Bibliothek mit Grundfunktionalitäten, beispielsweise zur Verwaltung der Blog-Daten. Hier müssen Sie gleich zu Anfang ein Problem lösen: Je nach verwendeter Datenbank läuft die

1 Oder, etwas weniger neumodisch: ein profanes News-System.

Installation und Ansteuerung anders; außerdem sind gerade die günstigeren Datenbank-Pakete nicht mit MySQL oder Ähnlichem ausgestattet. Um ein möglichst problemfreies Testen und Veröffentlichen der Anwendung zu gewährleisten, greifen wir auf eine wenig bekannte PHP-Erweiterung zurück: Die **dba**-Funktionen von PHP ermöglichen die Verwaltung von Daten in einer einfachen Datei, also eine Art »Datenbank für Arme«. Das Beste daran ist, dass die meisten Hoster diese Erweiterung installiert haben; dem Einsatz steht also (fast) nichts im Wege.

Die Installation, sofern Sie sie selbst vornehmen müssen, sieht folgendermaßen aus:

- Unter Windows fügen Sie die folgende Anweisung in die **php.ini** ein:

  ```
  extension = php_dba.dll
  ```

- Linux-Anwender müssen PHP mit dem Schalter `--enable-dba=shared` kompilieren sowie zusätzlich eine Unterstützung für einen der mitgelieferten Datenbank-Handler installieren; Details verrät das entsprechende Kapitel im PHP-Online-Handbuch (**http://www.php.net/dba**).

Apropos Datenbank-Handler: Das ist ein weiteres Problem. Je nach Betriebssystem und Installation werden immer verschiedene Handler unterstützt. Unter Windows beispielsweise werden automatisch die Handler `cdb`, `cdb_make`, `db3` und `flatfile` unterstützt; bei den meisten günstigeren Hostern ist die Wahl auf `gdbm` und `mdbm` gefallen. Es gibt also keinen gemeinsamen Nenner.[2]

Es gibt also zwei Möglichkeiten: Entweder legen Sie sich auf einen Datenbank-Handler fest und verwenden diesen konsistent, haben dann aber unter Umständen Schwierigkeiten, mit der Anwendung den Server zu wechseln. Oder Sie rufen `dba_handlers()` auf. Diese Funktion liefert eine Liste von unterstützten Handlern zurück. Der Einfachheit halber verwenden wir den ersten Handler im zurückgelieferten Array. Sollte das zu Problemen führen, setzen Sie die Variable `$handler` einfach auf einen Handler, der garantiert funktioniert.

```
<?php
$handlers = @dba_handlers();
```

2 Der Handler `flatfile` ist dazu geschaffen worden, eine besonders einfache Zugriffsmethode zu bieten, die auf allen Betriebssystemen läuft. Dazu müssen Sie PHP allerdings mit `--with-flatfile` konfigurieren.

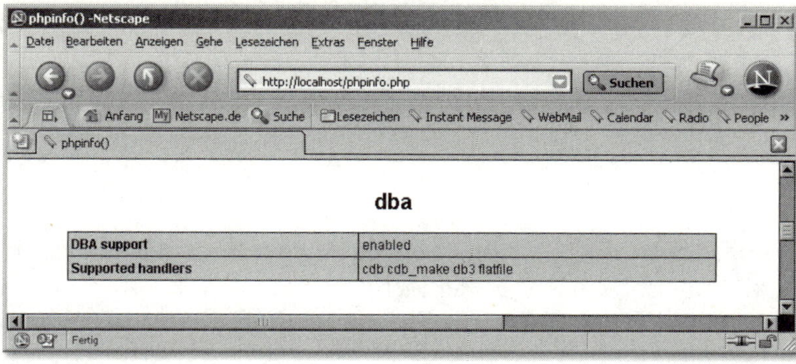

Abbildung 7.1 `phpinfo()` liefert die unterstützten dba-Handler.


```
if (count($handlers) > 0) {
   $handler = $handlers[0];
} else {
   die("Kein DBA-Handler gefunden!");
}
//$handler = "flatfile";
```

Der Zugriff auf DBA-Datenquellen ist allerdings sehr eingeschränkt. Er ist in etwa mit dem Arbeiten mit assoziativen Arrays vergleichbar: Über einen Schlüssel greifen Sie auf die entsprechenden Einträge zu. Als Schlüssel bietet sich hierbei das Datum des Blog-Eintrags an, als Wert der Blog-Text. Und so sieht das dann im Code aus:

```
function eintragen($text) {
   global $handler;
   if (!file_exists("blog.db")) {
      $dba = dba_open("blog.db", "n", $handler);
      if (!$dba) {
         die("Fehler beim Erstanlegen des Blogs!");
      } else {
         dba_close($dba);
      }
   }
   $dba = dba_open("blog.db", "w", $handler);
   if (!$dba) {
      die("Fehler beim Anlegen des Blogs!");
   } else {
      $ergebnis = dba_replace(
         time(),
         $text,
```

```
         $dba
      );
      dba_close($dba);
      return $ergebnis;
   }
}
```

Der Rückgabewert der Funktion ist ein boolescher Wert, der angibt, ob das Eintragen erfolgreich war oder nicht.

Das Auslesen ist mit DBA etwas mühseliger. Zunächst wird mit `dba_firstkey()` der erste Schlüssel in der Datenbank ermittelt, dann mit `dba_nextkey()` nacheinander alle weiteren. Ein optionaler Parameter für das Auslesen ist ein Suchbegriff. Wird dieser gesetzt, werden nur Einträge zurückgeliefert, die den Begriff enthalten. Der Standardwert ist natürlich die leere Zeichenkette – alle Einträge werden angezeigt.

```
function auslesen($suche = "") {
   global $handler;
   $dba = @dba_open("blog.db", "r", $handler);
   if (!$dba) {
      die("Fehler beim Öffnen des Blogs!");
   } else {
      $ss = array();
      for ($s = dba_firstkey($dba);
           $s != false;
           $s = dba_nextkey($dba)) {
         $wert = dba_fetch($s, $dba);
         if ($suche == "") {
            $pos = TRUE;
         } else {
            $pos = strpos(strtolower($wert),
                          strtolower($suche));
         }
         if ($pos !== FALSE) {
            $ss[$s] = $wert;
         }
      }
      dba_close($dba);
      return $ss;
   }
}
```

Die Hilfsmethoden werden in eine Hilfsdatei **blog.inc.php** eingebunden. Doch nun zur eigentlichen Implementierung des Web Service.

7.2 Implementierung mit XML-RPC

Der Schreibzugriff auf den XML-RPC-Web-Service nutzt den Authentifizierungsmechanismus aus Kapitel 6, denn nur berechtigte Personen dürfen posten. Der Web Service wird aus optischen (und auch praktischen) Gründen in zwei Dateien aufgeteilt: Eine Datei enthält die Services zum Eintragen (Authentifizierung und Schreiben), die andere die Methode zum Ausliefern.

7.2.1 Web Service

Zurück zum Code zum Authentifizieren und Eintragen: Zunächst wird der Web Service samt Signaturen für die beteiligten Methoden initialisiert.

```
<?php
require_once "XML/RPC/Server.php";
require_once "blog.inc.php";

$beschreibungTicket = "Fordert ein Ticket an";
$signaturTicket = array(
   array("string", "string", "string")
);
$beschreibungEintragen = "Neuer Blog-Eintrag";
$signaturEintragen = array(
   array("boolean", "string", "string")
);

$xmlrpc = new XML_RPC_Server(
   array(
      "hauserwenz.BlogTicket" =>
      array(
         "function" => "BlogTicket",
         "docstring" => $beschreibungTicket,
         "signature" => $signaturTicket
      ),
      "hauserwenz.BlogEintragen" =>
      array(
         "function" => "BlogEintragen",
```

```
            "docstring" => $beschreibungEintragen,
            "signature" => $signaturEintragen
        )
    )
);
```

Dann werden die Funktionen realisiert: Eine zum Login, eine zum Schreiben, eine zum Auslesen. Wir beginnen mit der Anforderung des Tickets. Die Parameter werden ausgelesen, und dementsprechend wird entweder eine Session erzeugt oder nicht:

```
function BlogTicket($params) {
   $benutzer = $params->getParam(0);
   $passwort = $params->getParam(1);
   if (!isset($benutzer) || !isset($passwort)) {
      global $XML_RPC_erruser;
      $wert = new XML_RPC_Response(0,
                             $XML_RPC_erruser,
                             "Falscher Parameter!");
      return $wert;
   } elseif ($benutzer->scalarval() == "Christian" &&
      md5($passwort->scalarval())
        == "b7dccfd92d21f24f04ed987436e95f9e") {
      session_start();
      $_SESSION["expires"] = time() + 1800; //30 Min.
      $wert = new XML_RPC_Value(session_id(), "string");
      return new XML_RPC_Response($wert);
   } else {
      return new XML_RPC_Response(new XML_RPC_
Value("", "string"));
   }
}
```

Auch das Eintragen ist schnell implementiert: Falls die Session existiert und noch nicht abgelaufen ist, wird die Methode `eintragen()` in **blog.inc.php** aufgerufen. Ansonsten wird eine Fehlermeldung zurückgeliefert.

```
function BlogEintragen($params) {
   $ticket = $params->getParam(0);
   $eintrag = $params->getParam(1);
   if (!isset($ticket)) {
      global $XML_RPC_erruser;
```

```
        $wert = new XML_RPC_Response(0,
                                      $XML_RPC_erruser,
                                      "Kein Ticket angegeben");
        return $wert;
    }
    if (!isset($eintrag)) {
        global $XML_RPC_erruser;
        $wert = new XML_RPC_Response(0,
                                      $XML_RPC_erruser,
                                      "Keinen Eintrag angegeben");
        return $wert;
    }
    session_id($ticket->scalarval());
    session_start();
    if (isset($_SESSION["expires"]) &&
         time() <= $_SESSION["expires"]) {
        $wert = new XML_RPC_Value(eintragen(
          $eintrag->scalarval()), "boolean");
        return new XML_RPC_Response($wert);
    } else {
        global $XML_RPC_erruser;
        $wert = new XML_RPC_Response(0,
                               $XML_RPC_erruser,
                               "Ticket ungültig oder abgelaufen");
        return $wert;
    }
}
?>
```

Den kompletten Code finden Sie im Web-Archiv (**http://www.web-services.cc/**) unter dem Dateinamen **rpcblogservice1.php**.

Noch schneller ist der Web Service zum Auslesen erstellt. Der Einfachheit halber überlassen wir die Verarbeitung der komplexen Datentypen nicht dem XML-RPC-Modul, sondern serialisieren alle Daten in einen String. Der Client muss diesen dann zwar wieder deserialisieren, aber dafür gibt es keine Probleme mit der Interoperabilität verschiedener Implementierungen:

```
<?php
require_once "XML/RPC/Server.php";
require_once "blog.inc.php";
```

```
$beschreibungAuslesen = "Blog-Daten ausgeben";
$signaturAuslesen = array(
   array("string", "string")
);

$xmlrpc = new XML_RPC_Server(
   array(
      "hauserwenz.BlogAuslesen" =>
      array(
         "function" => "BlogAuslesen",
         "docstring" => $beschreibungAuslesen,
         "signature" => $signaturAuslesen
      )
   )
);

function BlogAuslesen($params) {
   $suche = $params->getParam(0);
   $r = auslesen($suche->scalarval());
   $wert = new XML_RPC_Value(serialize($r), "string");
   return new XML_RPC_Response($wert);
}
?>
```

Listing 7.1 Der XML-RPC-Service zum Auslesen (rpcblogservice2.php)

7.2.2 Eintragen

Und fehlt noch die Benutzeroberfläche. Schauen wir uns zunächst aber an, wie Einträge erstellt werden: Der Benutzer gibt den Blog-Eintrag in ein HTML-Formular ein:

```
<form method="post">
Eintrag:
<textarea name="text" wrap="virtual" cols="70" rows="10">
</textarea>
<input type="submit" value="Eintragen" />
</form>
```

Die Daten werden dann an den Web Service übergeben. Zunächst wird der Dienst initialisiert und ein Ticket geholt:

```
<?php
if (isset($_POST["text"])) {
```

```
require_once "XML/RPC.php";

$xmlrpc = new XML_RPC_Client(
   "/ws/rpcblogservice1.php",
   "localhost",
   80
);

$msg = new XML_RPC_Message(
   "hauserwenz.BlogTicket",
   array(new XML_RPC_Value("Christian", "string"),
         new XML_RPC_Value("supersicher", "string"))
);

$antwort = $xmlrpc->send($msg);
$ergebnis = $antwort->value();
if ($antwort->faultCode()) {
   print "Fehler " . $antwort->faultCode() . " (" .
      htmlspecialchars($antwort->faultString()) . ")";
} else {
   $ticket = $ergebnis->scalarval();
```

Im Code sehen Sie, dass der Aufruf von `hauserwenz.BlogTicket` halbfett hervorgehoben ist. Alternativ könnten Sie natürlich auch den Benutzernamen und das Passwort per HTML-Formular erfragen und nicht statisch in den PHP-Code integrieren.

Sofern ein gültiges Ticket geliefert worden ist, wird der Text des Benutzers an den Web Service geschickt und damit in den Blog eingetragen:

```
   $msg = new XML_RPC_Message(
      "hauserwenz.BlogEintragen",
      array(new XML_RPC_Value($ticket, "string"),
            new XML_RPC_Value($_POST["text"], "string"))
   );
   $antwort = $xmlrpc->send($msg);
   $ergebnis = $antwort->value();
   if ($antwort->faultCode()) {
      print "Fehler " . $antwort->faultCode() . " (" .
         htmlspecialchars($antwort-
>faultString()) . ")";
   } else {
```

```
            $status = $ergebnis->scalarval();
            print "Status des Eintrags: " . (($status) ? "ok"
              : "Fehler!");
        }
    }
}
```

Auch hier finden Sie die komplette Version des Listings im Web-Archiv; der Dateiname lautet **rpcblogeintragen.php**.

7.2.3 Auslesen

Das Auslesen der Blog-Einträge geschieht mit nur einem XML-RPC-Aufruf:

```
<?php
require_once "XML/RPC.php";

$xmlrpc = new XML_RPC_Client(
   "/ws/rpcblogservice2.php",
   "localhost",
   80
);

$msg = new XML_RPC_Message(
   "hauserwenz.BlogAuslesen",
   array(new XML_RPC_Value($suche, "string"))
);
$antwort = $xmlrpc->send($msg);
$ergebnis = $antwort->value();
if ($antwort->faultCode()) {
   print "Fehler " . $antwort->faultCode() . " (" .
      htmlspecialchars($antwort->faultString()) . ")";
} else {
```

Dann beginnt der Aufwand allerdings erst. Zunächst einmal muss der Rückgabewert des Web Service deserialisiert werden:

```
   $ss = unserialize($ergebnis->scalarval());
```

Das assoziative Array liegt nun vor. Es sollte aber noch sortiert werden, damit die aktuellsten Blog-Einträge auch ganz oben in der Liste landen.

Dazu benötigen Sie zunächst einmal die Schlüssel des Arrays:

```
  $keys = array_keys($ss);
```

Diese Schlüssel sortieren Sie absteigend:

```
  rsort($keys);
  reset($keys);
```

Anschließend können die Blog-Einträge ausgegeben werden. Mit der `date()`-Funktion wird dabei der zuvor abgespeicherte Zeitstempel wieder in ein »ansprechendes« Format umgewandelt:


```
  while (list($idx, $zeit) = each($keys)) {
     print "<p><b>Eintrag vom " .
           date("d.m.Y H:i:s", $zeit) .
           ":</b></p>";
     print $ss[$zeit] . "<hr />";
  }
}
?>
```

Das Listing wird durch ein Formular abgerundet, in das der Benutzer einen Suchbegriff eingeben kann. Somit ist eine Selektion bestimmter Blog-Einträge möglich:

```
<form method="post">
Suchen nach:
<input type="text" name="suche"
  value="<?=htmlspecialchars($suche)?>"/>
<input type="submit" value="Auslesen" />
</form>
```

Der Suchbegriff wird – sofern vorhanden – in einer Variablen `$suche` abgespeichert, die dann auch an den Web Service übergeben wird.

```
<?php
$suche = (isset($_POST["suche"])) ? $_POST["suche"] : "";
?>
```

Hier sehen Sie den kompletten Code:

```
<html>
<head>
<title>Blog: Auslesen</title>
</head>
<body>
```

```
<?php
$suche = (isset($_POST["suche"])) ? $_POST["suche"] : "";
?>
<form method="post">
Suchen nach:
<input type="text" name="suche"
  value="<?=htmlspecialchars($suche)?>"/>
<input type="submit" value="Auslesen" />
</form>
<?php
require_once "XML/RPC.php";

$xmlrpc = new XML_RPC_Client(
   "/ws/rpcblogservice2.php",
   "localhost",
   80
);

$msg = new XML_RPC_Message(
   "hauserwenz.BlogAuslesen",
   array(new XML_RPC_Value($suche, "string"))
);
$antwort = $xmlrpc->send($msg);
$ergebnis = $antwort->value();
if ($antwort->faultCode()) {
   print "Fehler " . $antwort->faultCode() . " (" .
      htmlspecialchars($antwort->faultString()) . ")";
} else {
   $ss = unserialize($ergebnis->scalarval());
   $keys = array_keys($ss);
   rsort($keys);
   reset($keys);
   while (list($idx, $zeit) = each($keys)) {
      print "<p><b>Eintrag vom " .
            date("d.m.Y H:i:s", $zeit) .
            ":</b></p>";
      print $ss[$zeit] . "<hr />";
   }
}
```

```
?>
</body>
</html>
```

Listing 7.2 Die Blog-Daten werden ausgelesen (rpcblogauslesen.php).

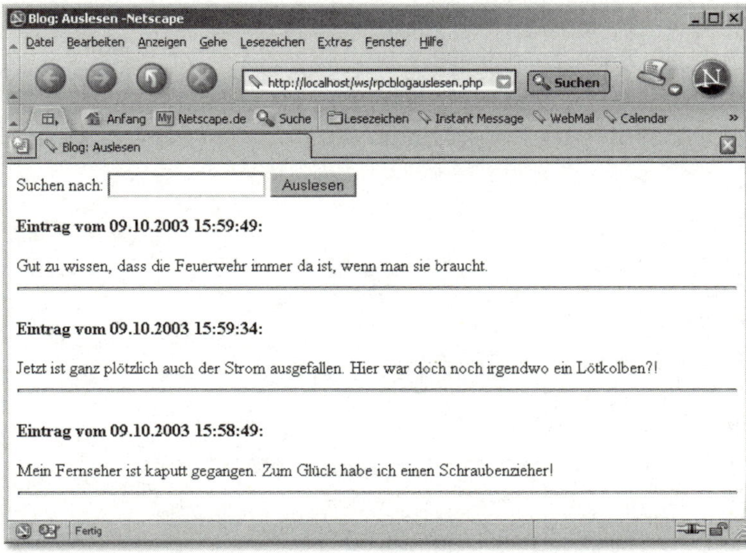

Abbildung 7.2 Alle Blog-Einträge erscheinen im Webbrowser.

7.3 Implementierung mit PEAR::SOAP

Bei der Verwendung von SOAP wird der Web Service mit weniger Code erstellt als bei XML-RPC, ein Vorteil der konsequenten Objektorientierung des Pakets, mit dem Sie beispielsweise Fehlermeldungen schneller erstellen können.

7.3.1 Web Service

Hier der zugehörige Code mit allen Methoden in einem Skript:

```
<?php
require_once "blog.inc.php";
require_once "SOAP/Server.php";

$soap = new SOAP_Server();

$service = new Service();
$soap->addObjectMap($service, "urn:soapservice");
```

```
if (isset($_SERVER["REQUEST_METHOD"]) &&
          $_SERVER["REQUEST_METHOD"] == "POST") {
   $soap->service($HTTP_RAW_POST_DATA);
} else {
   require_once "SOAP/Disco.php";
   $disco = new SOAP_DISCO_Server($soap, "Bezeichnung");
   if (isset($_SERVER["QUERY_STRING"]) &&
      strcasecmp($_SERVER["QUERY_STRING"], "wsdl") == 0) {
      header("Content-type: text/xml");
      print $disco->getWSDL();
   }
}

class Service {
   var $__dispatch_map = array();

   function Service() {
      $this->__dispatch_map["BlogAuslesen"] =
         array("in"  => array("suche"  => "string"),
               "out" => array("eintrag" => "string"));
      $this->__dispatch_map["BlogTicket"] =
         array("in"  => array("benutzer" => "string",
                              "passwort" => "string"),
               "out" => array("ticket" => "string"));
      $this->__dispatch_map["BlogEintragen"] =
         array("in"  => array("ticket" => "string",
                              "eintrag" => "string"),
               "out" => array("ergebnis" => "string"));
   }

   function BlogTicket($benutzer, $passwort) {
      if ($benutzer == null || trim($benutzer) == "" ||
          $passwort == null || trim($passwort) == "") {
         return new SOAP_Fault("Kein Benutzername/
Passwort angegeben!", "101");
      } elseif ($benutzer == "Christian" &&
    md5($passwort) == "b7dccfd92d21f24f04ed987436e95f9e") {
         session_start();
         $_SESSION["expires"] = time() + 1800; //30 Min.
         return session_id();
```

```
        } else {
            return "";
        }
    }

    function BlogEintragen($ticket, $eintrag) {
        if ($ticket == null || trim($ticket) == "") {
            return new SOAP_Fault("Kein Ticket
                                  angegeben!", "102");
        }
        if ($eintrag == null || trim($eintrag) == "") {
            return new SOAP_Fault("Keinen Eintrag
                                  angegeben!", "103");
        }
        session_id($ticket);
        session_start();
        if (isset($_SESSION["expires"]) &&
             time() <= $_SESSION["expires"]) {
            return eintragen($eintrag);
        } else {
            return new SOAP_
Fault("Ticket ungueltig oder abgelaufen!", "104");
        }
    }

    function BlogAuslesen($suche) {
        $r = htmlentities(serialize(auslesen($suche)));
        return $r;
    }
}
?>
```

Listing 7.3 Der Blog-Web-Service mit PEAR::SOAP (pearblogservice.php)

Eine besondere Erwähnung verdient die Methode `BlogAuslesen()`: Hier werden die Rückgabedaten aus dem Blog nicht nur serialisiert, sondern zusätzlich auch noch von allen HTML-Sonderzeichen befreit:

```
$r = htmlentities(serialize(auslesen($suche)));
```

Der Grund dafür ist der Bug[3] von PEAR::SOAP, dass Sonderzeichen, die im XML-Code zu Problemen führen, nicht ordentlich kodiert werden. Durch `htmlentities()` werden diese Zeichen von Hand in ein verarbeitbares Format umgewandelt.

7.3.2 Eintragen

Dank WSDL ist es sehr einfach, Daten in den Blog einzutragen: Sie erstellen ein Proxy-Objekt, fordern ein Ticket an und schicken das Ticket mitsamt dem Blog-Text an den Web Service – das war's! Deswegen zeigen wir ohne weitere Vorrede hier den zugehörigen Code:

```
<html>
<head>
<title>Blog: Eintragen</title>
</head>
<body>
<?php
if (isset($_POST["text"])) {
   require_once "SOAP/Client.php";

   $wsdl = new SOAP_WSDL(
      "http://localhost/ws/pearblogservice.php?wsdl");
   $proxy = $wsdl->getProxy();

   //Ticket holen
   $ticket = $proxy-
>BlogTicket("Christian", "supersicher");
   $ergebnis = $proxy-
>BlogEintragen($ticket, htmlentities($_POST["text"]));
   if (PEAR::isError($ergebnis)) {
      print "Fehler: " . $ergebnis->getMessage();
   } else {
      print "Status des Eintrags: " . (($ergebnis) ? "ok" :
      "Fehler!");
   }
}
?>
<form method="post">
Eintrag:
```

3 Oder das beabsichtige Verhalten!

```
<textarea name="text" wrap="virtual" cols="70" rows="10">
</textarea>
<input type="submit" value="Eintragen" />
</form>
</body>
</html>
```

Listing 7.4 Daten mit PEAR::SOAP in den Blog schaufeln (pearblogeintragen.php)

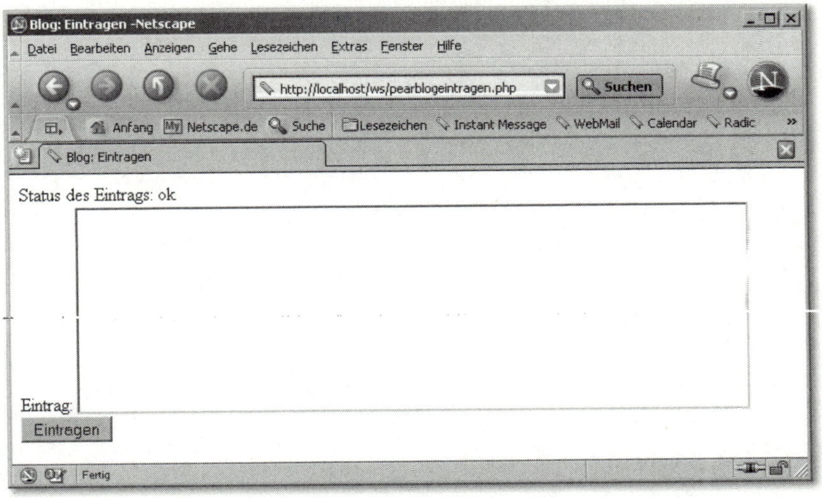

Abbildung 7.3 Ein Eintrag wurde in den Blog eingefügt.

Auch hier müssen die Daten vor dem Versand von Sonderzeichen befreit werden:

```
$ergebnis = $proxy-
>BlogEintragen($ticket, htmlentities($_POST["text"]));
```

7.3.3 Auslesen

Das Auslesen funktioniert analog zum XML-RPC-Beispiel:

```
<html>
<head>
<title>Blog: Auslesen</title>
</head>
<body>
<?php
$suche = (isset($_POST["suche"])) ? $_POST["suche"] : "";
?>
```

```
<form method="post">
Suchen nach:
<input type="text" name="suche"
  value="<?=htmlspecialchars($suche)?>"/>
<input type="submit" value="Auslesen" />
</form>
<?php
require_once "SOAP/Client.php";

$wsdl = new SOAP_WSDL(
   "http://localhost/ws/pearblogservice.php?wsdl");
$proxy = $wsdl->getProxy();

//Eintrag auslesen
$ss = $proxy->BlogAuslesen($suche);
if (PEAR::isError($ss)) {
   print "Fehler: " . $ss->getMessage(); print_r($ss);
} else {
   $ss = unserialize(html_entity_decode($ss));
   $keys = array_keys($ss);
   rsort($keys);
   reset($keys);
   while (list($idx, $zeit) = each($keys)) {
      print "<p><b>Eintrag vom " .
            date("d.m.Y H:i:s", $zeit) .
            ":</b></p>";
      print $ss[$zeit] . "<hr />";
   }
}
?>
</body>
</html>
```

Listing 7.5 Alle Blog-Einträge werden ausgegeben (pearblogauslesen.php).

Auch hier müssen Sonderzeichen wieder besonders behandelt und zurück umgewandelt werden! Das Gegenstück zu `htmlentitites()` heißt `html_entity_decode()` – eines von zahlreichen Beispielen für die leider mitunter inkonsistente Namensgebung für PHP-Funktionen:

```
$ss = unserialize(html_entity_decode($ss));
```

Sie haben nun Web Services in einem wirklichen Praxiseinsatz gesehen, sowohl mit XML-RPC als auch mit SOAP. Dieses Beispiel hat gezeigt, wie Sie es ermöglichen können, dass Daten von Ihrem Rechner in einem standardisierten Format von außen eingelesen werden.

Dieses Buch hat gezeigt, dass mit den existierenden Paketen in PHP einiges möglich ist, dass es aber dennoch eine Reihe von Bugs und offenen Wünschen gibt. Insbesondere die Dokumentation lässt mitunter gewaltig zu wünschen übrig – aber mit diesem Buch haben Sie einen Führer durch das Dickicht.

Index